Clarinet

もっと音楽が好きになる
上達の基本
クラリネット

サトーミチヨ —— 著
Michiyo Sato

音楽之友社

はじめに

　10人以上いた新1年生のクラリネット部員の中で、最後まで音が出なかったのが私でした。3歳から音楽教室に通い、音楽のことは周りの誰よりも分かっていると自負していたのに、「こんなはずじゃない！」とクラリネットとの長く辛い（でもハッピーな）葛藤が始まります。
　良い音になりたい、指が速く動くようになりたい、うまくなりたいと思う気持ちは大きいけれど、それとは反比例して現実はリード・ミス連発の細い音で、16分音符は滑って転び、うまくいかない日々が続きました。しかしプロのクラリネット奏者になった今、昔悩んでいた私に言いたいのです。

　　　　「苦しんだ後には、必ず喜びが待ってるよ！」

　練習してもできないことは、練習方法を変えてまた練習して、1か月後にはできるようになる。誰も1か月後の自分の姿が見えないだけに、1か月続けられずに挫折する人もいるかもしれません。でも29日長く暗いトンネルをくぐった後、30日、31日目には明るく楽しい世界が広がっていれば、29日間で練習をやめますか？もう1日努力するだけでステップアップした自分がきっと存在するはずです。そのことを昔の私に、そして今悩んでいる皆さんに伝えたいのです。

私の勉強したクラリネットのテクニックや経験をこの本の中に書きましたが、毎日演奏していると目標の達成以外の思わぬ成果や、ときめきがもたらされることもどんどん出てきます。皆さんには本書を読み、理解し実践できたら、それだけに満足せずに、もっと広い世界に飛び出してほしいのです。

　クラリネットは、オーケストラ、吹奏楽で活躍するのはもちろんのこと、室内楽やソロにもすてきなレパートリーがありますし、ほかのどの楽器にも負けないくらい幅広く「ファミリー」が広がる楽器なので、クラリネットだけのアンサンブルやクラリネット・オーケストラで、高音域から低音域まで広がるサウンドを味わうのもよいでしょう。20世紀のジャズを象徴するベニー・グッドマンが生涯をかけて示したように、クラリネットの魅力は、音楽のジャンルの違いなど軽く飛び越えてしまうのです。

　さあ、苦しいけれど楽しいこともたくさん待っている練習を早速始めましょう！

サトーミチヨ

もっと音楽が好きになる
上達の基本 クラリネット

C O N T E N T S

はじめに 2

きほんの「き」 音楽を始める前に　　7

- その❶　呼吸 8
- その❷　組み立て方 10
- その❸　構え 12
- その❹　指の形 14
- その❺　アンブシュア 16
- その❻　リード 18
- その❼　マウスピース 22
- その❽　クラリネットの歴史 24
- その❾　移調楽器 26
- その❿　おさらい 28

きほんの「ほ」 自由に音を奏でよう　　29

- その❶　目指す音 30
- その❷　ロングトーン 32
- その❸　タンギング 34
- その❹　タンギング・テヌート 36
- その❺　タンギング・スタッカート 38
- その❻　半音階・音階練習と倍音 40
- その❼　ヴィブラート 44
- その❽　音程のコントロール 46
- その❾　1日10分デイリートレーニング・シート 48
- その❿　おさらい 52

目次

きほんの「ん」 奏法から表現へ　53

- その❶ 表現を豊かにしてくれる楽語 ・・・・・・・・・・・・ 54
- その❷ シンプルな楽譜でも豊かな表現を ・・・・・・・・・・・・ 57
- その❸ ソロ楽器としてのクラリネット ・・・・・・・・・・・・ 62
- その❹ アンサンブルの喜び ・・・・・・・・・・・・ 64
- その❺ アンサンブルの中のクラリネット ・・・・・・・・・・・・ 65
- その❻ スコアの使い方 ・・・・・・・・・・・・ 69

きほんの「上」に 楽しく音楽を続けよう　73

- その❶ 練習の組み立て方 ・・・・・・・・・・・・ 74
- その❷ 楽器のメンテナンス ・・・・・・・・・・・・ 76
- その❸ 習う、教える ・・・・・・・・・・・・ 79
- その❹ 失敗から学ぶ ・・・・・・・・・・・・ 81
- その❺ プロになりたい人へ ・・・・・・・・・・・・ 83
- その❻ 私の音楽観をつくったもの ・・・・・・・・・・・・ 87
- その❼ 一生音楽と付き合うために ・・・・・・・・・・・・ 89

おわりに ・・・・・・・・・・・・ 91

特別寄稿 「本番力」をつける、もうひとつの練習
● 誰にでもできる「こころのトレーニング」（大場ゆかり）・・・・・・・・・・・・ 92

[とじこみ付録] サトーミチヨオリジナル　デイリートレーニング・シート

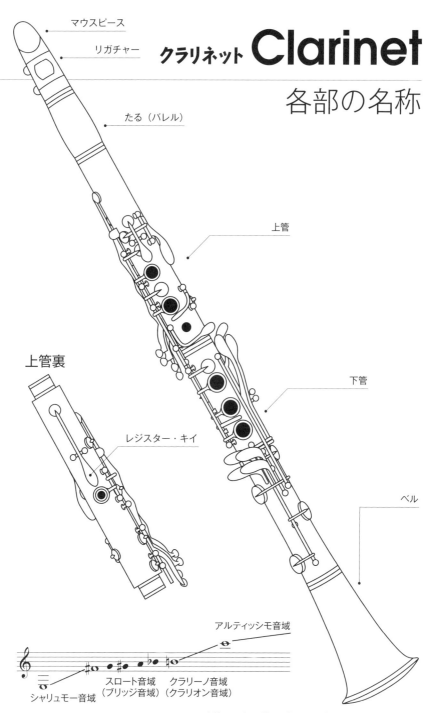

きほんの「き」
音楽を始める前に

Clarinet

呼吸

●管楽器は息で表現する

　クラリネットやほかの管楽器は何によって音を出したり、音楽を表現したりするのでしょうか？　それはほかでもない、息（風）です。

　しかし、実際に楽器を持って曲を吹こうとすると、多くの人が、難しいパッセージに指が回らないとか、スタッカートがたくさん出てきてタンギングがうまくできないとか、目の前の壁に負けてしまいがちです。タンギング、スタッカート、テクニック、そして音色や音楽表現といった演奏上の悩みに直面したとき、実はその根本的な原因が「息を正しく使えていないこと」にあることが多いのです。「ウインド・インストゥルメンツ」「ウインド・アンサンブル」という言葉どおり、"風（息）"をうまく操ることが、表情豊かで自由な演奏につながるいちばんの近道だと言えるでしょう。

　あらゆる面での「上達の基本」である、呼吸について考えてみましょう。

●腹式呼吸は目に見えない

　私は、クラリネットを始めた当初から、「腹式呼吸で息を吸いなさい」とか「おなかから息を吸うこと」と言われ続けてきました。同じように言われたことのある人も多いでしょう。では、正しい腹式呼吸とはどのようなものか、分かりますか？　なんとなく分かったつもりになっていても、それを体で実感して、言葉でも説明できる人は意外に少ないのではないでしょうか。

　それもそのはず。呼吸をしている肺も、肺とつながっている肋骨も、よく耳にする横隔膜（肺を下に大きく膨らませる筋肉）も、直接見ることが出来ません。あくまでイメージでしくみを理解するしかないのです。だから、イメージこそが大事です！

　次のページで一緒にしくみを見ていきましょう。

●腹式呼吸のメリット、胸式呼吸のデメリット

　人間の上半身は肺や心臓がある胸腔（きょうくう）と、胃や腸などがある腹腔（ふくくう）に分かれていて、それらの境界にあるドーム状の筋肉を**横隔膜**といいます。そして、胸腔での呼吸（＝肋骨（ろっこつ）で胸骨（きょうこつ）を動かすことで肺が伸縮する）を**胸式呼吸（きょうしき）**、腹腔での呼吸（＝横隔膜を下げることで肺が伸縮する）を**腹式呼吸（ふくしき）**と呼んでいます。

　楽器を演奏するとき、体はリラックスした状態でなければいけませんが、胸式呼吸は胸や首周りの筋肉を使うので、長時間続けると周囲が緊張し、首や肩の痛みが発生するため、呼吸が浅いものになってしまいます。それとは逆に、リラックスして安定した息遣いが得られるのが腹式呼吸なのです。

●腹式呼吸のチェックポイント

　横隔膜が下がり腹腔中の内臓が下に押しやられると、おなかがポコッと出ます。それが腹式呼吸の数少ない目印。目印を確認し、意識しながら、頭の中のイメージを育てていきましょう（図1）。

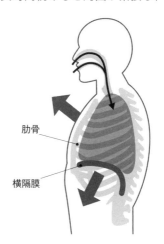

図1　横隔膜の上下で肺の大きさが変わるのが腹式呼吸。横隔膜が下がると肺が広がり、おなかもポコッと出る

　練習する際のチェックポイントは次の3つ。

- **●口からたくさん息を吸うこと**
- **●肩を上げて吸わないこと**（胸式呼吸はダメ！）
- **●おなかが膨らんでいること**（腹式呼吸の実感をもつ）

　いろいろな曲を演奏するために息の量やスピードを自在に操れるようになるのは理想ですが、どんなときも忘れてはならないのはたくさん吸って、健康な息を出し続けることです。これは私たち管楽器奏者の使命であると同時に、大きな喜びでもあるのです。

組み立て方

●クラリネットは何の木?

　木管楽器の代表選手クラリネットが、何の木でできているかご存知ですか?
　伝統的にクラリネットは熱帯性常緑高木である黒檀(エボニー)に似た**グラナディラ**の木を使って作られてきました。しかし今日では、地球規模の気象変動や高需要が招いた伐採により、良質なグラナディラの入手が難しくなってきており、グラナディラの木くずとグラスファイバーなどを混ぜ合わせて作った合成素材のものや、強度が高いプラスチックであるABS樹脂製のクラリネットも使われるようになってきました。

●組み立て方は2通り!

　クラリネットは上からマウスピース(ベック)、たる(バレル)、上管、下管、ベルの5つのパーツで成り立っています。マウスピースにはリード、リガチャーをセットしましょう。
　組み立て方には主に二つの方法があります。
　一つは、①ベル→②下管→③上管→④タル→⑤マウスピースの順に、下から上へと組み立てる方法。私はこの方法です。
　もう一つは、①ベル+下管、②タル+上管と大きく2パーツにしたものを組み立ててから、最後にマウスピースを取り付ける方法。
　どちらの方法でも大丈夫です。

●組み立ての注意点!

　どちらの組み立て方の場合でも必ず気を付けてもらいたいのは
> ●クラリネットの表側、キイが並んでいる部分は避けて持つ
> ●上管と下管のジョイント・キイがぴったり一直線になるようにする

の2点。

上管と下管のジョイント・キイを一直線にする際には、左手中指リング・キイを押して、4つのトリル・キイの下方向の上管ジョイント・キイを上げながら、下管と組み立てるのがポイントです（写真1）。

　どんなに慎重に楽器を扱っても、日々の練習や組み立てでキイは曲がってしまいます。見た目に分かるほどではなくても、長い間に少しずつバランスは崩れてしまいます。私の場合は「おや!?」と思ったら数日中に楽器屋さんで修理をしてもらいますが、すぐに楽器屋さんに行けない人は3〜4か月に一度くらいの割合でメンテナンスをしてもらうと安心です。

写真1　組み立ては、①左手中指リング・キイを押して4つのトリル・キイの下方向の上管ジョイント・キイを上げながら、②下管ジョイント・キイと一直線につながるように！

構え

●構え方を見れば、音がわかる

　クラリネットを構えた姿勢を見ただけで、その人がどんな音を出すのかわかります。それほど構え方と音は密接に関係しているのです。

　体がリラックスしていると、たくさんの新鮮な空気が肺に入り、健康で良い音が出ます。ではリラックスとはどういう状態？　緊張がほぐれて、体も心も伸び伸びした状態です。ピッと背筋が伸び過ぎていてもいけないし、猫背になってもいけません。リラックスした構え方で、良い音を心掛けましょう。

●立奏では足を肩幅に

　立って演奏する立奏では、リラックスした状態で足を肩幅くらいに開いて立ちます（写真2）。背筋を伸ばした後、「フーッ」と息を吐けば楽な姿勢のできあがり。目線は、真っすぐ前か、少し上に。

　肩に力が入ると、肘が固まって指先に緊張が伝わり、指のスムーズな動きを妨げます。肘をげんこつ一つ分ほど体から離して構えるのがポイントです。

　そして、楽器を支える右手の親指と腹部の間は15cmほど離しましょう。楽器と体の角度が30〜40度程度になるのが理想です（写真3）。

●座奏では猫背に注意

　座って演奏する座奏では姿勢が悪くなりがち。猫背にならないように注意が必要です。上半身は、立奏と同じくリラックスした状態にしましょう。椅子の座面の3分の2から半分くらいのところに座ってみてください。座面が全部隠れるほど深く座って骨盤を安定させるという意見もありますが、私は**足の踏ん張り**と**上半身の自由な動き**を得るために、少し浅めに座るようにしています。自分の体にしっくりくるポイントを探してみてくださいね。

　椅子の高さも大切です。**膝が直角**くらいになるのが理想的です（写真4）。

写真2 目線は真っすぐ前か少し上に。目線が下がり頭が下がると背中が丸まって、十分な息が吸えなくなる

写真3 右手親指がおなかから15cmほど離れるように。体に近すぎるとアンブシュアに無理が生じる

いつも自分に合った椅子に座れるとは限りませんが、せめてふだん使う椅子は自分にあった高さにしたいものです。座面を高くしたい場合は座面クッション（座布団）を、低くしたり高くしたい場合にはピアノ椅子を使うとよいでしょう。

無理な姿勢や構え方では必ず演奏に歪みが生じ、長期的には体の不調や腕の腱鞘炎を引き起こします。心も体もリラックスして、自然で安定した奏法を心掛けましょう。

写真4 膝が直角に曲がるのが理想。椅子が低い場合は座面クッション（座布団）が有効

きほんの「き」

指の形

●すべての指に均等な力が加わるように

　ピアノを弾くときは「卵を柔らかく持つように、指に丸みをつけて鍵盤を押す」と言われますが、クラリネットもで同様です。一本一本の指に均等な力が加わるようにキイを押しましょう。リング・キイは、指のはらの真ん中で穴に吸いつくように押さえてください。指を離したときに、指の先に穴の跡が付くくらいしっかりと押さえるとよいでしょう。正しく穴がふさがらない状態で演奏するクセがつくとレガートがかかりにくくなり、リード・ミスの原因にもなります。また、指を離したときに、楽器から3cm以上離れてしまっていないか、指が真っすぐに伸びてしまっていないか、鏡の前などでチェックするようにしてください。指の形は、自分の目線からではチェックしにくいです。指の上げ下げをうまくコントロールしてくださいね。

●人さし指で楽器を支えるべからず

　クラリネットの重みに負けて、左右の人さし指で楽器を支えてしまってい

写真5　悪い例：人さし指で楽器を支えてしまい、キイの上に指をセットできない

写真6　良い例：キイの真上に指がセットされているので、スムーズに演奏できる

ませんか？（ちなみに私の楽器は1kg弱！　意外と重いんです！）

　人さし指が楽器に触れていると手を斜めに構えることになり（写真5）、各指をキイの上の正しい位置で準備できなくなります。スムーズな演奏のためにも、穴をふさいでいないときもキイの真上に各指をセットするようにしましょう（写真6）。

●右手親指の負担を小さく

　右手親指にクラリネット吹きの証〈あかし〉「クラリネット・タコ」がついている人はいますか？　楽器の全重量を支える右手の親指への負荷は、中高生や女性だけでなく、長時間演奏をするプロの奏者たちにとっても悩みの種です。

　ここで思い出したいのがp.12で紹介した楽器の構え方。リラックスした構えができていれば、体全体と左右両方の指全体で楽器を包み込むように自然に持つことができます。力を入れ、固く萎縮した体で楽器をがっちり持った不自然な構えは、演奏がうまくいかない原因になっていきます。

　必要に応じて以下のような補助器具を使うとよいでしょう。

●サム・レスト・クッション

　いろいろなタイプ、厚さのものが市販されていてます。クッション性のある柔らかい素材なので、右親指の負担をかなり軽減してくれます。自作もできます（写真7）。

●ストラップ

　首からネック部分をかぶり、右親指のサム・フック部分にストラップ下のひっかけ金具を装着して使用します。ストラップの長さを調節して、構えたときの楽器と

写真7　ホームセンターで購入したビニール管を切って作ったお手製のサム・レスト・クッション

体の角度が良い状態になるようにしましょう。ただし、指への負担が減るかわり首に負荷がかかる場合もあるようなので注意しましょう。ひもがゴムになっていて、楽器の上下の動きを制約しないタイプのものがオススメです。

アンブシュア

●楽器と体を接続するアンブシュア

「私はアンブシュアが悪いので音が汚いんです」とか「スタッカートするときアンブシュアが崩れてしまいます」といった悩みをよく聞きます。

アンブシュアとは、楽器を吹く際の口や唇の状態を意味する単語ですが、唇も、口の大きさも、顎の形も、人それぞれに違うもの。クラリネットのアンブシュア、つまり、マウスピースをくわえる力や深さや角度だって、人によってさまざまに違って当然なのです。

ここで確認しておきたいのは、**アンブシュアは楽器と体（口）をつなぐ接続的な役割でしかない**ということ。アンブシュア自体が美しい音を作り出すわけでも、速く正確なタンギングを生み出すわけでもありません。

別の言い方をしましょう。美しい音で楽器を上手に自由に吹くためには、正しい呼吸法（息の流れ）を追究したり、よりよいマウスピース、リード、楽器を選んだりすることはとても大切ですが、アンブシュアには特別に優れた能力や素質が求められるものではないのです。

では、アンブシュアはどのようにして作っていけばよいのでしょうか？

●マウスピースだけのアンブシュア練習はやめよう

マウスピースだけを手で持って練習するのはやめましょう。なぜなら、楽器と接続していないマウスピースを手で持つと、たいていは顔に対してほぼ直角（90度）にマウスピースをくわえてしまうからです。その状態で口の形を作っても、いざ楽器を組み立てて音を出す時点でアンブシュアは変わってしまいます。練習するときには必ずマウスピースと楽器を接続しましょう。

●コツは唇の両端と顎の筋肉

　発音するときのアンブシュアは、「エ」を発音するときの口の形にしてから、唇の両端（頬）を横に引っ張り、**にっこりほほえむような感じ**で作ります。その形を崩さず下唇の上にマウスピースをのせますが、このとき顎が膨らまないように気を付けてください。顎が膨らんだ状態だと、柔らかい響きがするような感じがしますが、音の芯のない居心地の悪い音色になってしまいます。下唇は、**下の歯にほんの少しだけ巻き込むように**（写真8）。

　下唇と上の歯がマウスピースとリードに当たるちょうどよいポイントは、マウスピースやリードの種類やメーカーによってまったく異なります。プロの奏者や上級者と1対1で見つけましょう。傾向として、深くくわえると少し厚ぼったい開いた音色で、浅くくわえると響きの細い詰まった音になります。よく自分の音色を聴いて、美しく健康的で良い音が出ているかもチェックしながら練習しましょう。

　実際に息を入れてみると、「エ」の発音の口の両端の緊張感と、顎が膨らまないような筋肉のコントロールのバランスを保つのは本当に難しいです。しかし、呼吸（息）を妨げない安定したアンブシュアを作ることは何よりも大切。息を入れて音楽をする楽器である私たちの宿命です。

　どんな音が良い音なのか、自分がどんな音を出しているのか、鏡で自分のアンブシュアを確認しながら、よく注意してみましょう。

写真8　顎が膨らまないように注意！

「き」その6 リード

●「良いリードがなくてうまく吹けませんでした」

「先生、今日はリードがないのでうまく吹けません」「リードの調子が悪いので実力を発揮できませんでした」。よく耳にする言い訳です。たしかにクラリネット吹きにとってリードの良しあしは大きな問題。

でも、ちょっと待ってください。本番でも「今日はあまり良いリードがないので差し引いて聴いてください」と書いたプラカードを持ってステージに出たり、「本当は完璧に吹けるんだけど、リードがないから今日の演奏はイマイチです」と言ってから演奏するのでしょうか？　当たり前ですが、答えはNO。

何度でも繰り返しますが、クラリネットでいちばん大切なのは**息をたくさん吸ってたくさん吐くこと**です。その土台に立ったうえで、良い楽器、良いマウスピース、良いリードを選び、育てることが上達への近道なのです。

●リードの役割

人間の声は、肺から送られた息で声帯が震えることで生まれます。声帯も、横隔膜と同じく直接コントロールできない筋肉（不随意筋）なのですが、「あー」と声を出しながら喉に手を当ててみてください。ブルブル振動しているのがわかるでしょう。

クラリネットで声帯に相当する役割を果たしているのが、リードです。

声帯でもリードでも、良い演奏のためには自由に振動できる柔軟性が大切。変幻自在な良い演奏を支えてくれます。

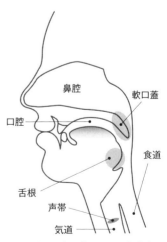

図2　人間の声で「リード」に相当する声帯は、気管と口腔の間をつなぐ空気の通り道（気道）に位置しています

息は、声帯を通った後に、喉や口腔、鼻腔内で共鳴することで最終的な声になります。クラリネットに置き換えるなら、リードを通過した息が入る最初の共鳴部屋が、マウスピースです。美声で歌うためには素晴らしい喉や口、鼻が必要ですが、クラリネットで美しい音を出すには、たくさんの息、良いリード、良いマウスピース、そして楽器さえあればよいのです。良いリード、良いマウスピースを選べば昨日よりも確実に上達するなんて、なんとラッキーで平等なことでしょうか！

●リードの選び方

リードの良しあしは二つのポイントで判断できます。

●見た目、材質

表面が筋張っていて繊維が太く粗いものは、調整していくのがとても難しいです。残念ですがあきらめたほうがよさそうです。

●リードの振動

マウスピースに装着して息を吹き込んでみて、リードの右だけ、左だけ、先端だけなど、一部だけが振動しても良い音はしません。全体が均一に振動するものが良いリードです。

●リードの育て方

リードの箱を開けたら、1箱（10枚）全部を水か唾液で5〜10秒間湿らせてから吹いてみましょう。最初のうちは、吹くのは1枚につき1日1〜2分くらいまで。1週間後くらいからは、吹く時間をだんだん長くして、リードを慣らしていきましょう。この段階では**リードを酷使し過ぎない**ように注意。派手な曲や *ff* はあまり吹かないようにし、低・中音のロングトーンなどを中心に吹いてリードを大切に育てていきます。

吹き終わったら、よく水分を拭き取って必ずリード・ケースの中に保管してください。吹いた後で放っておくと、リードの先端が波打ったり、リードと板の間に隙間が生じて裏面の中心が浮いた状態になり、雑音が多く詰まり気味な音色のリードになってしまいます（次ページ図3）。

リードの裏側はマウスピースとぴったり接する部分なので、常に平らになっ

ているようにしましょう。もしもリード・ケースがない場合には、平らなガラス板のようなものの上にリードをぴったりと密着させて片付けるようにしてください。

次の日の練習は、また5秒ほどリードを湿らせて……の順番で始めます。

図3　歪んだリード
（右）　先端が波打っている
（下）　リードと板の間に隙間が生じてしまう

●リードの調整は中級者から

10枚のリードを吹いてみても、自分に合うものは半分あるかどうかです。

私の場合は、「これは！」という抜群に良いリードに出合ったら、調整はせずに、大切に育てます。残りの少し鳴りづらいリードはほんの少し調整して吹きやすくしていますが、初心者のうちにリードいじりに没頭するのはあまり好ましくありません。それよりも、たくさんのリードの中から吹きやすくて、よく鳴るリードを選べる審美眼を身に付けましょう。リードの調整に挑戦するのは、中級者以上になってからでも遅くありません。

●リードの削り方

リードの調整にはサンドペーパー（紙やすり）を使います。800番から1000番くらいのものが適しているでしょう。ナイフを使う人もいるようです。リードの先端が波打っていたり裏側がそっていたら、平らな板の上に置いた目の細かいサンドペーパーで、リードの裏側全体が真っすぐ平らになるようにこすりましょう。古い楽譜の表紙など、少しざらついた紙を代わりに使うこともできます。

いずれにせよ、様子を見ながら少しずつ削るようにしてください。何度かこすらないと、こすった気がしないかもしれませんが、こすり過ぎたリードは元には戻せません。1回こするごとに確認しましょう。私の経験では、「ひとこすり」だけするのがちょうどよいことも多いです。

リードの原料は植物の葦。日々変化し、湿気をふくんだり、冬には乾燥も

します。明日にはリード自身が成長して、別の状態になるかもしれないので、今日のベストよりは明日のベストの状態を想像して調整することが大切です。

● 調整のコツ

　調整の第一歩は、未調整の良いリードを観察することから始まります。良いリードは、左右の厚さのバランスがとれていて、光に透かしてみると真ん中がきれいな山型になっているのがわかります（図4）。

　左右の厚さのバランスは、リードの先端を裏側から軽く指で押すことでわかります。ただし、指先の微妙な力加減と感覚が重要になるので、判断しにくい場合はマウスピースを左右斜めからくわえて、リード左側だけの振動、右側だけの振動を確かめてください。そして厚いと感じた側の先端（図5のⒶ部分）を少しだけ削ります。またⒷ部分のバランスを調整すると鳴りが改善する場合もあります。このとき、Ⓒの部分は決して触らないようにしましょう。またⒶ、Ⓑ部分の削り過ぎにも注意が必要です。

　リードの調整には経験や勘が要求されます。方法もいろいろ、好みも十人十色。まあまあのリードを削ってそれなりの鳴りに修正するのはうれしいことですが、うまくできない人は無理せず、良いリードを選び育てていくことをお勧めします。練習時間がリード削りでいっぱいになってしまったら、本末転倒ですから。

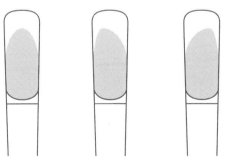

図4　（左）良いリードを光に透かすと山型が見え、全体がよく振動する
　　　（中央）（右）悪いリードは、左右の振動のバランスが悪い

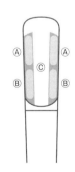

図5　厚さのバランスが悪いときには、Ⓐ やⒷ部分を調整。Ⓒ部分は決して触らない！

マウスピース

●オンリーワンのマウスピースを探そう

リードと同じように、マウスピースにもさまざまなメーカー、さまざまなモデルがあります。同じモデルのマウスピースでも音や吹奏感には個体差があり、息がたくさん入って鳴りやすいものもあれば、抵抗感があって渋い鳴りのものもあります。

自分の出している音を吹きながら冷静に判断するのは難しいので、選ぶときには楽器屋さんにマウスピースを最低3本以上は用意してもらい、自分より楽器経験が長い人(できればプロの奏者)に、出ている音を聴いてもらうことが望ましいです。ストレスなく息が入り、大きな良い音がしていたら、それはあなたにとってのオンリーワンのマウスピースとなります。

とはいえ、たくさんあるモデルから一つを選ぶのはなかなか大変。初級の人への私の個人的なオススメはバンドーレンの5RV、5RVライヤー。中級者にはB40やブラックダイアモンドも試してもらいたいです。ちなみに私自身は5RV→B40→M30→CL4→ドイツの工房シュミット製のフォーカスCH2の順で使ってきました。

マウスピースにも寿命があります。理想的には毎日吹く人の場合でだいたい1〜2年で取り替えたいものです。テーブルやレール面の傷がついていたら、寿命前でも新しいものと取り換えるべきです。

「今日のリード・ミスはマウスピースが傷ついているせい」という言い訳は、聴いてくれる人には通用しないのですから。

●マウスピースに合うリードを選ぼう

マウスピースに合うリード探しには、リードの箱に入っている対応表が参考になります。

マウスピースの吹奏感は、マウスピースのフェイシング部分とティップ・

オープニング部分（図6参照）それぞれの距離（長さや開き具合）によって変わります。大まかにいえば、フェイシングが長くなるとリードが薄く感じられ、ティップ・オープニングが大きくなるとリードが重く厚く感じられるようになります。ですから、長いマウスピースには少し硬めの（厚めの）リードを付け、開きが大きいマウスピースには柔らかい（薄い）リード・フェイシングを付けるとバランスが良いと言われています。

ですが、これはあくまで原則。何よりも大事なことは息がたくさん入って吹きやすいか、伸び伸びとした音が出ているか、です。

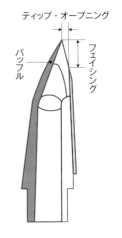

図6 リードの先端からマウスピースの先端までのタテとヨコの距離をそれぞれフェイシングとティップ・オープニングと呼んでいる

●マウスピースの手入れ

マウスピースをクラリネット本体にセットしたままリードとリガチャーを外し、スワブを通す人を見かけることがありますが、絶対にやめましょう。リードを当てるテーブル、特にガイド・レール、ティップ・レールの部分は非常にデリケートで、ちょっとしたスワブの摩擦やリードやリガチャーの着脱作業により小さなキズがついてしまうもので、そのキズが雑音やリード・ミスの原因にもなります。**スワブを通すのは楽器のみ。**マウスピースの掃除はガーゼか柔らかい布を使って丁寧に行ってください。水で洗うと化学反応で茶色っぽく変色してしまい、音に変化はないものの、見た目がよろしくありません。

前歯がマウスピースの前表面（バッフル）に当たってマウスピースに溝ができてしまったり、歯並びの関係で前歯の位置やアンブシュアが定まらない人は、**マウスピース・パッチ**（マウスピース・クッション）を貼るといいですよ。各メーカーからいろいろな厚さや素材のものが出ています。

パッチが薄いとクリアで抜け感のある響きに、厚いと音に丸みが出て少しこもった音色になるとも言われていますが、吹奏感と音色は必ずしも一致しないようです。いずれにせよ、噛み過ぎによる体の萎縮防止や、前歯の安定に一役買ってくれるグッズではあります。

クラリネットの歴史

　私たちの楽器が音楽史の中に登場するのは1700年頃。バロック音楽の時代でした。フルート、オーボエ、ファゴットがその前のルネサンス頃にすでに開発されていたのに比べると新しい楽器だと言えます。

●古楽器から進化したクラリネット

　クラリネットの祖先はシャリュモー（フランス語：Chalumeau）という中世からある古楽器です。もともと民族楽器だったシャリュモーは、代表的なもので全長30cm、キイが二つしか付いておらず、音域は1オクターヴほど。見た目はリコーダーそっくりの、短くかわいい姿をしていて、リードを1枚、頭部管（今のマウスピース）にひもでぐるぐる巻き付けて固定します。驚いたことにリードを今とは180度上に回転させた状態で、上唇につけて演奏していました。

　1700年頃、ドイツの楽器職人ヨハン・クリストフ・デンナーがシャリュモーを大きく改良して生まれたのがクラリネットです。全長は約60cmとなり、楽器の下部にはラッパ型のベルが付いて、さらにレジスター・キイが発明されたことで音域は3オクターヴにまで広がりました。そしてデンナーさんや、それに続く製作者たちの努力によってクラリネットの可能性はどんどん広がり、やがてモーツァルトやベートーヴェン、ウェーバー、ブラームスなど、多くの作曲家が、明るさも暗さも幅広く表現できるクラリネットを作品に多く起用するようになったのです。

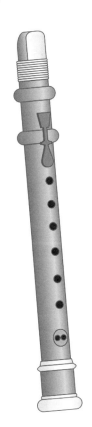

図7　クラリネットの祖先シャリュモー。見た目がリコーダーにそっくりの民族楽器。リードは上唇側につける

●現代の2大システム「フランス式」と「ドイツ式」

　現代では、クラリネットの2大システムはフランス式（フランス管）とドイツ式（ドイツ管）と言えるでしょう。

　フランス式はベーム式（ボエム式）とも言い、1800年半ば、教則本でも知られるパリのクラリネット奏者クローゼによって発表されました。ほぼ同時期にベルリンの楽器製作者エーラーが開発した、キイを付け足したエーラー・システムとも呼ばれるクラリネットがドイツ式です。

　フランス式とドイツ式の違いは、指使いや音色、見た目のキイの数などです。フランス式は指使いが簡単ということもあって、日本をはじめ多くの国で使われていますが、ドイツ式はドイツ、オーストリアで愛され続けています。例えば、あのベルリン・フィルハーモニー管弦楽団の奏者たちが使っているのはドイツ式クラリネットです。そうすることによって「オーケストラの音」の伝統を守っているんですね。

　クラリネットの名作中の名作として万人に愛されているモーツァルトの《クラリネット協奏曲》やブラームスの《クラリネット五重奏曲》はドイツ式クラリネットを想定して作曲されたものです。ドイツ式のこの上なく美しい澄んだ音色を堪能できるこれらの作品は、しかし、ドイツ式の指使いが厄介であるがゆえに、現在ではよりシンプルな指使いのフランス式で演奏する機会が多いかもしれません。

譜例1　モーツァルト：《クラリネット協奏曲》第1楽章第65小節。「シド」の連続は、フランス式なら左手人さし指1本の上げ下げで演奏できる。ドイツ式では左手人さし指と中指が交互にクロスし、より難しい

　フランス式とドイツ式、どちらが良いかは簡単には言えません。人それぞれ求める音色も違えば、優先順位も違います。これはもう演奏者のポリシーや好みの問題だと思います。どのような音楽を目指すのか、自分の意思を持つことが最初の一歩なのかもしれません。

移調楽器

●ピアノ経験者は注意！ in B♭ の正体

クラリネットを初めて吹いたとき「ドの指使いなのにシ♭の音が出る!?」と思ったり、楽譜に書いてある「Clarinet in B♭」や「Clarinet in E♭」って何!?と思っている人はいませんか？

私は小さい頃からピアノを習っていたので、だいたいは楽譜も読めて音の高さもわかったのですが、吹奏楽部でクラリネットに出合ったときにはこの「in B♭」が大きな謎でした。

私以外にも、「実はよくわかっていなかった」という人がいるかもしれないので、この機会にしっかり理解しておきましょう。この in B♭（ドイツ語でイン・ベーと読むことが多いです。英語ならイン・ビー・フラット）をしっかり理解していないと、ほかの楽器とのアンサンブルで混乱しかねません。

●実音楽器と移調楽器

ピアノ、フルートなど、楽譜に書かれた音を奏でればそのとおりの高さの音が出る楽器を実音楽器と呼びます。これに対してクラリネットは移調楽器と呼ばれます。楽譜に書かれた音と、吹いたときに鳴る音が違う楽器だから「移調」楽器なんですね。

「移調」とは読んで字のごとく、調を移動すること。たとえばハ長調の音階を見て吹いたら、in B♭（変ロ長調）の音階が響きます。もし移調楽器の楽譜をそのまま実音楽器で演奏してしまったら、楽譜にないヘンテコな音がしてアンサンブルがメチャクチャになってしまいます。だからクラリネットのパート譜には in B♭ と大きく書いてあるわけです。

移調楽器の仲間にはトランペットやホルン、サクソフォーンなどがいますが、全部が in B♭ とは限りません。クラリネットの家族だけでも Clarinet in B♭（いわゆるベー管）、Clarinet in A（いわゆるアー管）、Clarinet in E♭（エス・

クラリネット）、Bass Clarinet（バス・クラリネット。基本的にはin B♭で、ベー管より1オクターヴ低い）、Alto Clarinet（in E♭だけどエス・クラリネットより1オクターヴ低いです）、バセット・ホルン（ホルンと同じin F）など、いろいろな調の楽器があります。

　ちなみに、耳なじみのある「ベー管」「アー管」「エスクラ」は全部ドイツ語由来。英語のin B♭、in A、in E♭は、ドイツ語ではin B（イン・ベー）、in A（イン・アー）、in Es（イン・エス）と書きます。

●楽譜で確認してみよう

　主なクラリネット族の移調を楽譜で整理すると、次のようになっています。ベー管とバス・クラリネットやエス・クラリネットとアルト・クラリネットは、同じ調なのに1オクターヴ違うので注意してください。

　ここで小テスト。Clarinet in B♭の記譜音ドと、Clarinet in E♭の記譜音ソの実音はそれぞれ何でしょうか？　答えはどちらもB♭。

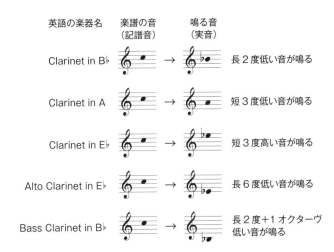

ほかの移調楽器や実音楽器の奏者とコミュニケーションをする場合には、このように実音を基準にできると話がスムーズです。

　最初から実音だけで楽譜が書かれていればいいのに、という意見もあるかもしれませんが、同じ指使いのまま管を持ち替えるだけで別の調が吹けたり、音色の違いを味わえることは、移調楽器のひとつのメリットです。

おさらい

　きほんの「き」では、演奏するときの道具（楽器、マウスピース、リード）と、私たちの体（呼吸法、アンブシュア）の基本中の基本の話をしました。
　ここで述べたことは、3年たっても10年たっても、私のように数十年クラリネットを吹いている人間にとっても外せない、とても大切なガイドラインになっています。
　呼吸の項（p.8）で書いた「ウインド・インストゥルメンツ」「ウインド・アンサンブル」に"**風（息）**"**を素直に入れる**こと。これは、分かっているようで、なかなか実践している人は少ないのです。ロングトーンや基礎練習で意識できていても、曲や難しいパッセージ、pp～mp の繊細な息遣いの中で、それを上手に操るのはとても難しいのです。
　でも、逆を考えてください。息を制する者、これすなわちクラリネットを制す。どんなに高額なクラリネットを持っていても、どんなに良いマウスピースやリードがあっても、健康な息が出せなければ音楽は始まりません。その息を最大限に生かすための良い道具（楽器、マウスピース、リード）は、もちろん不可欠なものです。

　楽器やマウスピースは、人によって合う、合わない、好き嫌いが生じる部分があります。しかし息は、老若男女問わず求められる、音楽の根源でしょう。
　スカッとストレスなく息を出せたら、きほんの「ほ」での面倒な課題も怖くない！　さあ、早速次のトレーニングに入りましょう！

きほんの「ほ」
自由に音を奏(かな)でよう

Clarinet

目指す音

あなたはどんな音が好きですか？ どんな音を出せるようになりたいですか？ 自分の理想に向かって自分の音をより磨きたいと思っていれば○、そのためにいろいろな音を聴いていれば◎です。

●たくさんの音に触れて、自分の理想を育てる

自分の理想の音、好きな音のイメージは上達の近道にもなります。

楽器を始めたばかりの人は、最初は身近な先輩の音でもよいでしょう。でもその次の段階では、CDを聴いたり、演奏会に行ってプロの奏者の音を体験してみたり、たくさんの良い音に触れることをお勧めします。CDも生の演奏会の音も十人十色。皆それぞれに特色があり、同じ楽器でも音色が違うことに気付くと思います。

私の場合は、最初の憧れは部活の１学年上の先輩、次はトレーニングにきてくれた音大生、その次にはCDで初めて聴いた巨匠カール・ライスターの音へと移っていきました。

「良い音だな」「こんな音になりたいな」、逆に「へんな音かも」とか「あまり好きな音じゃない」といろいろ感じてみたら、次は自分のなりたい音、出したい音が見えてくるものです。

●「良い音」と「きれいな音」

「良い音」と「きれいな音」は同じものでしょうか？ どちらも好かれやすく、受け入れられやすい音であることは確かですが、違いがあります。

私の思う「良い音」とは、**音楽にピッタリはまる音、その音楽にふさわしいあるべき音**。きれいな音で吹くことが、そのまま良い音で吹くことになる場面も多いかもしれませんが、きれいな音だけでは、描くべき音楽の表現を

薄めてしまう場合もあります。

　面白いことに、オーケストラのリハーサル中には、指揮者から「きれいに」や「繊細に」とは逆に、「汚い音で」とか「武骨に」と要求されることも少なくありません。「汚い音」こそが、その場面の求める「良い音」である場合もあります。きれいな音も汚い音も、必要に応じて自由自在に使い分けられる幅広さを目指したいものです。

●心・技・体

　良いパフォーマンスのためには「心・技・体」が同時に成り立たなくてはいけません。「心」は精神力、「技」は技術（テクニック）、「体」は体力のこと。3者のバランスが崩れると、実力を発揮できなくなってしまいます。

- ●「心」＝精神力・メンタル面の強さとともに、どのような理想をもち、どれくらいたくさんのファンタジーや発想を持っているかが大切。そこから自分が身に付けるべき「技」が見えてきます。
- ●「技」＝テクニックやスキルを身に付ける理由を考えれば、技の意義は出てくるもの。機械的に技術が上達しても、「心」が伴わなければ、音楽はつまらない結果に。
- ●「体」＝体が良いコンディションに整っていて、はじめて良い演奏が生まれます。何をするにも、健康な体がなくては始まりませんから。

　この3つをバラバラに捉えてはいけません。夢や理想をもってクラリネットを持ち、自分の決めた目標に向かって努力を重ねて技術を磨く。そうしてステップアップした結果、今までの自分に満足できなくなり、さらに壁を乗り越えレベルアップする。その鍛錬に耐えうる体力と、本番でうまくいくための体調の管理も必須になります。

　この章にある練習は、なんとなく機械的にこなすのではなく、練習の質を考えながら進めましょう。それができると、明日の自分を変えることになります。目指す音をもち、心・技・体を充実させることでぶれない軸が生まれ、クラリネット生活はさらに楽しいものになります。

きほんの「ほ」

ロングトーン

●確実に成果につながるロングトーン練習

　ロングトーンは、それ自体は目立つようなものではなく、明るく楽しいものでもありません。どちらかといえば地味で辛いもの、つまらないものと感じる人もいるかもしれませんね。しかしこのロングトーン、正しい方法で練習を重ねることができれば、その先には素晴らしい成果が待っています。

　私の指導経験では、初級や中級の人からいちばん多く聞く悩み、①**音が汚い**　②**音程が悪い**　③**タンギングがうまくできない**の3つすべてが、「正しいロングトーン」の練習で解決できます。呼吸法が安定し、音を自由に操れるようになるのがロングトーン練習です。

●初級の音を磨くロングトーン練習

　まず、静かな場所を選んで、立って吹きましょう。大勢の人が音を出しているところでは自分がどのようなコンディションなのか、良い音色、正しい音程が保たれているかチェックすることはできないからです。

　リラックスした姿勢でたくさん息を吸い、ふくよかできれいな音をイメージしながら自分の音をよく聴いてロングトーンしましょう。♩＝60でメトロノームを使って、　　の音を8拍間延ばします。*mf*〜*f* の無理のない音量で、舌を突かずに（タンギングなしで）吹いてみましょう。最初にアクセントが付かないように。また音を切る前に音が震えたり、デクレシェンドしないように気を付けること。　　の音の後は下へおりていきます。この音域を**シャリュモー音域**と言います。

譜例2　シャリュモー音域のロングトーン

続いて**中音域**の鳴りやすい の音から下へ同じようにロングトーン。

譜例3　中音域のロングトーン

そして最後は**高音域**。中音域と同じ音から上に向かっておしまいです。

譜例4　高音域のロングトーン

　自分で音を出している最中は、なかなか自分の音が聴けないものです。吹きながら音色や音程を判断するのは難しいですが、常に注意して自分の音に耳を傾けましょう。

●中・上級者にオススメのロングトーン練習

　初級と同じく♩＝60で8拍間、 の音から半音階で上がっていきます。 の音まで吹いて、余裕がある人はさらに上の音でもロングトーンの練習をしてみましょう。

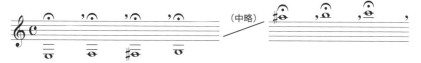

譜例5　広い音域でのロングトーン

　中級から上級の人も、音色、音程、音質がしっかり保たれているか、自分の耳を集中させて厳しくチェックしましょう。そして呼吸の項（p.8）で触れた腹式呼吸を意識し、深いブレスでたくさんの新鮮な息を楽器に入れることを忘れずに。

　シャリュモー音域は「ホー」というつもりで、喉を開けた暖かいイメージで息をたくさん使います。 から上の音域では、口を閉めてアンブシュアが固くなり、音が細く響きがなくなりがちです。口は閉めずに息のスピードを少し上げ、ろうそくの火を消すようなつもりで吹くと安定しますよ。

タンギング

●誰もが苦手なタンギング

クラリネットの幅広い魅力を発揮できる技術、タンギングでは、舌（tongue＝トング、タング）を使って、息の流れを出す、止めるの動作を制御します。タンギングをうまく使うことによって音を強調したり柔らかく包み込んだり、固くしたり軽くしたり、いろいろな表情が生まれます。

「得意なテクニックはタンギング」という人にはまず出会ったことがなく、苦手意識を持っている人は少なくないと思われます。しかしこのタンギングを制することが、自由で表情豊かな演奏につながる鍵になるのは間違いないようです。

確認しておきたいのは、タンギングとスタッカートは同じではないということ。テヌートとスタッカートの大きく分けて2種類をコントロールするのがタンギングだと考えてください。テヌートでもスタッカートでも、舌とリードの関係はまったく同じです。

そしてタンギングを意識するあまりに舌を突く作業のみにとらわれてしまうのではなく、いつも健康な息を出し続けることも忘れないでほしいのです。

●舌とリード

タンギングをする上では

- ●息
- ●舌
- ●リード

の3つが大切です。

ここでは**舌**と**リード**の関係に注目しましょう。

●リードと舌の位置関係

　舌の形や長さに個人差はあると思いますが、リードに触れる舌の場所は、舌の先端から約1cmまでの間の箇所がよいでしょう。リードに触れるのは舌の表側でも裏側でもかまいません。各自それぞれにやりやすいポイントがあるので、しっくりくる場所を探してみましょう。

　リードの先端をタンギング（舌突き）するときには、「Tu（トゥ）」か「Du（ドゥ）」と話すようなつもりで。

　最初のうちは、リードと舌の接点がうまく見つからなかったり、舌の動きで息やアンブシュアが乱れたりしてしまい、正しい息がマウスピースに入らなくなって失敗が多いはずです。

　もちろん、ロングトーンのときと同じ「正しい息」でタンギングできるのが理想ですが、最初のうちは雑音がして「汚い音」でも大丈夫。きれいで美しいタンギングを作ろうとし過ぎるあまり、アンブシュアや息の流れを過剰にコントロールしてタンギングの本来の意味が損なわれてしまっては本末転倒です。

　タンギングやロングトーンのトレーニングは、地味ですが、決して裏切りません。練習した分だけ必ず実となり、あなたの表現力を豊かにしてくれます。

きほんの「ほ」

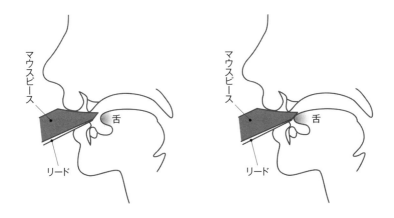

図8　（左）音が出ているとき、舌はリードから離れている
　　　（右）舌がリードに付いているときは音がでない

タンギング・テヌート

●流れが途切れないタンギング・テヌート

　タンギング・テヌートは、例えるなら毎日使っている水道のようなものです。蛇口をひねったり、バーを上げ下げしたりすれば水が流れ出しますね。このとき、自分が水を止めるまで水は出続けます。蛇口の手前の水道管の中には、いつでもどんな量でも供給できる水が待機しているわけです。

　このときの「水」が「息の流れ」、「蛇口」が「舌」なのです。

　水が要らないときは、蛇口で水を止めています。たくさん吸った息が肺にあっても、息が要らないときには、舌でリードをふさぐことで息を止めているわけです。この、息を止める舌突きのテクニックが、タンギングです。

　タンギング・テヌートでは、舌突きの難しさに引きずられて**息を出す作業がいい加減になりがち**です。テヌートもスタッカートも、舌突きの訓練を重ねれば体得できますが、しっかり流れている息と一緒になることで、はじめてタンギングやその先の自由な音楽が成就することを忘れてはいけません。

●エクササイズ

　開放の音で練習しましょう。ロングトーン、4分音符でのタンギング・テヌート、またロングトーンと吹くシンプルなトレーニングです。

　このとき、アクセントがついたり、音が短くならないように注意します。

　テヌートの付いた音符では舌を突いた直後に息が十分出て、音が *mf* 〜 *f*

に保たれていますか？　音符の丸い形は視覚的に柔らかな印象を与えますし、楽譜上は音符が記されていない部分も演奏し続けなければならないことを自覚しましょう。ともすると、音符の書かれた位置＝音の始まり以外の部分で意識が疎かになってしまいます。（譜例８）

譜例８　　の部分も息は流れ続けている

うまくできたら、同じ練習を次の音域全体でも練習します。

譜例９

舌突きをしたときに、アンブシュアである口と楽器の接合部がゆるんだり、顎が動いてはいけません。鏡を見ながら、自分の出している音色をよくチェックしながら練習しましょう。

舌の動きが慣れてきたら、譜例10のような音型にもチャレンジしましょう。うまくできたら、譜例９の音域全体でも同じように練習しましょう。

高音域の ![] から ![] では音の粒が揃わなくなり、音色が潰れてしまうので、息のスピードを保ちながら圧力を高くして、舌の力を抜いてリラックスしてテヌートするとよいでしょう。

タンギングの動作そのものが「切る」とか「息がなくなる」というイメージになりがちですが、逆に言えば舌を突いたところ以外は音は出続けているということです。努力が必要ですが、理想のタンギングを手に入れましょうね！

きほんの「ほ」

タンギング・スタッカート

●安定したアンブシュアで

　タンギング・スタッカートでも、正しい息の流れと安定したアンブシュア、それを妨げないリラックスした舌の動きが実感できていれば、スタッカート奏法はスムーズにいくはずです。

　テヌートの訓練のときと同じく、舌を突く際にアンブシュアが崩れ、口内が狭くなって空気の流れが乱れてしまわないように気を付けましょう。スタッカートを見ると、「とにかく短く！」ということばかりに気を取られる人が多いようです。スタッカートはたしかにテヌートよりは短く演奏しなければなりませんが、**どんなに短くても、そこには音は存在していること、息がマウスピースに入っていること**を忘れてはいけません。

●エクササイズ

　テヌートのエクササイズと同じく開放の　　でロングトーンしたあと、譜例11の次の練習へと移りましょう。♩=60のゆっくりなテンポで始めます。2分音符でリードから舌を離して発音しますが、2分休符の間は息の圧力を保ったまま、リードに舌を付けて音を止めます。これが大切！　あくまでマウスピースに息は入れようとするけれども、舌でリードの振動を押さえて発音できない状態を作りましょう。つまり、舌のうしろで息がスタンバイしていて舌をリードから離しさえすれば、すぐに音が出る状態にしておくのです。

譜例11　2分休符の間も息の圧力を保つ。リードに舌を付けているから音が出ないだけ

●ホースの水まきのように息をコントロール

うまくできない人は、息の流れを庭にホースで水まきをするときのようにイメージしてみましょう。指先で水をまく距離やスピードを調節しますよね。ホースの先をつぶして狭くしていくと水はだんだん鋭く、遠くへ飛ぶようになりますが、完全に指で押さえると水は止まります。蛇口の栓は開けっ放しになっているのに水は止まる。この関係が、息（水）と、スタッカートしているときの舌（指先）なのです。肺から出し続ける息は水の供給源となっている蛇口。

テヌートよりも音が出ている時間が短いので、舌が緊張して動きが不自由になり、発音・音止めの際、正しいアンブシュアが保てなくなるのがスタッカートです。音色や音程が変化しないようによく注意します。

慣れてきたら、次の譜例にもチャレンジです。

できるようになったら、少しずつテンポを上げて練習します。

中級、上級の人も「単純でつまらない練習」とか「簡単なのでここはいいや」と、あなどってはいけません。どんな難曲でも、突き詰めればこういう基本の基本に戻るのです。自分の不得意な曲、うまくいかないパッセージを取り出して、もう一度丁寧にさらってみましょう。

私自身もベートーヴェンの交響曲第6番《田園》第1楽章の終わり部分や、リムスキー＝コルサコフの《スペイン奇想曲》のクラリネット・ソロを吹くとき、正しい息とリラックスした舌でスタッカートできているか、まずゆっくりと確認しながら練習します。

みなさんも、名人・名演をたくさん見つけて、良いスタッカート、鮮やかなタンギングを盗みましょう！

半音階・音階練習と倍音

●楽器をよく鳴らせるようになる半音階練習

　半音階の練習をせず、正確に吹けない人は意外と多いようです。1日1回は必ず練習するようにしましょう。

　一見地味な練習かもしれませんが、日々取り組むことで明日の、1年後の演奏が見違えるくらい変わるのです。楽器全体を鳴らし、低音域から高音域まですべての音域ムラなく均一に響かせる良い練習になります。

●初心者は出せる音域で練習

　初心者は最低音から上のまで、中級者はその上のからまでで、出せる音をゆっくりスラーで吹いてみましょう。

譜例13　出せる音の範囲で、ゆっくりとスラーで吹いてみる

　最低音から高音まで約3オクターヴの音域があるので、シャリュモー音域（低音域）は楽器の下端のベルまでよく鳴らすつもりで、温かい息を真っすぐ入れましょう。中音域のあたりから上のクラリオン音域は、だんだんアンブシュアが緊張して息が十分に入らなくなり、それをまた硬くなったアンブシュアで制御しようとする……という悪循環が起こりやすい場所です。

「タンギング・スタッカート」（p.38）で練習した、息の流れを邪魔しない安定したアンブシュアを忘れず、響きが窮屈にならないように心掛けましょう。

●注意が必要な指使い

譜例13の④、⑧、©、⑩、で示した音では、必ず右の指使いを使います。そして、音がつながりにくく、誰もが不得意な⑤の二つの音は、特にここだけ取り出してゆっくりと根気よく練習すること。

響きが貧しい 🎼 から上のクラリオン音域を上手に出すポイントは、左手の人さし指の動きにあるようです。譜例14の3つをゆっくりと練習してください。

図9　注意する指使い

譜例14　ラとシの切り替え練習

写真9　左手人さし指はキイの下端に軽く触れて、上下に回転しやすいようにする

このとき左手の人さし指以外の指の力を抜いて、指の形の項で確認した各キイの真上2〜3cmのところで待機させておきます。左で人さし指は 🎼 の音に移るとき、指をローリング（回転）させてキイの下端を少し触るだけにしましょう（写真9）。キイを押さえるときは、キイ全部が隠れるほど押さえなくても、端を押せば音は出ます。この動きがつかめたら、譜例14の3つのテンポをだんだん速くして練習してください。🎼 と 🎼 のときには左手人さし指をくるっとローリングさせますが、ほかの指が中でぶらぶら遊ばないように気を付けてください。

●中・上級者は倍音も使って練習しよう

　中級者・上級者の場合には、半音階に限らず高音域をよりリラックスして出すために、倍音を使った練習をオススメします。倍音とは低い音の指使いのままで、その上の高い音を出すことです。高音を発音するポイントがうまくつかめるようになります。次の例を見てみましょう。

譜例15

　最初の音と音は正規の指使いで吹いていきますが、上の音と音は、左右の小指を使わずに、音の指使いのまま音を出してみます。音程は少しぶら下がりになって、音色もいまひとつになると思いますが、の指使いでも、頑張ればの音が出るでしょう。

　そのとき、鳴らしたい音の高さをイメージして頭の中で歌ってみること。そして息の方向やスピード（圧力）のかけ方がいっそうピッタリする吹き方を研究することが大事です。ふだん敬遠しているリード・ミスをわざと出す要領でトライしてみると、案外うまくいくかもしれません。

　これができたら、レジスター・キイを押さずの指使いのままを出す練習もしてみます。やはりの音を想像しながら、よく鳴るポイントを探してみましょう。その後レジスター・キイを押していつもの指使いに戻って吹いたとき、より確実な響きが得られると思います。余裕のある人はそのほかの音の倍音についても次の楽譜で練習してみましょう。

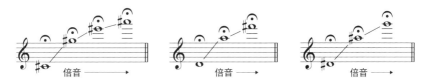

譜例16　倍音を使った練習

●音階を制するものは音楽を制す

　付録のデイリートレーニング・シートに載せたようなスケール（音階）の練習は、半音階同様に、音域によって音の響きが変わらないように、どの音域も**健康な息を十分吹き込むとともに、音と音のつながりを滑らかに保つこと**が大切です。非常にゆっくりと、1音がメトロノーム60で4拍くらいから始め、中級の人でも1拍に1音より速くならないように練習しましょう。**速くパラパラ吹いては何の訓練にもなりません**。指を正確にしっかり動かし、上げるときは指が楽器から離れ過ぎないように、キイを押すときは力任せにたたくようにならないように気を付けます。息をしっかり入れて mf から f で、ゆっくり丁寧に。最初はレガートで、慣れてきたらさまざまなアーティキュレーションのパターンを組み合わせてやってみるといいでしょう。

　音楽は音階によって成り立っていると言っても過言ではありませんが、毎日すべての調の音階を吹くのは難しいでしょう。大事なのは何年かかってでも**全部の音階を吹けるようになる**ことです。滑らかなレガートの旋律も難しいパッセージも、音階が身に付いているかいないかで、泣くか笑うかが決まります。私自身は、音階を正しく吹けるようになるまでに6年かかりました。

きほんの「ほ」

コラム　すべての調を覚えよう

　楽譜を見ると、どんな曲にもまずト音記号やヘ音記号などの音部記号があって、その次に♯や♭が最大で7個ついています。

　1オクターヴには半音が12個。ひとつの音に対して長調（英語でmajor、ドイツ語でDur）と短調（minor、Moll）があるので、調は全部で24個です。そして一つの調を構成する7つの音を順番に並べた音の列を、音階と言います。

　音階の始まる音（主音）と音程の並び方（半音と全音がどの順番で組み合わされるのか）で調が決まり、それは音部記号のすぐ右に並ぶ♯や♭の数で示されます。これが調号です。

　♯や♭の数と長調・短調の関係を知っておくと、曲を演奏するときのイメージがつかみやすくなります。付録のデイリートレーニング・シートにも全調のスケールがまとまっているので、吹きながら覚えてくださいね。

ヴィブラート

●クラリネットではヴィブラートを使わない？

　クラリネットはヴィブラートをかけない楽器だと思っていませんか？　ほかの木管楽器はヴィブラートを使いこなしているのに、なぜクラリネットはかけないのでしょう。

　私が演奏するときも基本的にはヴィブラートを使わずに音楽を表現しています。ただ、クラシック以外のジャズやポップスのレパートリーを演奏するときは、「おしゃれでかっこいいヴィブラートをかけたい！」と思うのも正直なところですし、クラシックでも《ラプソディ・イン・ブルー》のクラリネット・ソロやコダーイの《ハーリ・ヤーノシュ》組曲を演奏するときには、より抑揚をつけるためにもヴィブラートは不可欠なツールだと思っています。

●ヴィブラートは諸刃の剣

　ただ、ヴィブラートは使い方を間違えると毒にもなってしまうことは確認しておかなくてはいけません。それは音楽的にも、自分の奏法にとっても、です。すべての演奏者が表現したい音楽やテクニックを人前で披露できる喜びをもっていますが、聴く人がそれをどう受け取るかを考えられる演奏者は少ないのではないでしょうか。TPOをわきまえた音を判断できる感覚と経験があって、初めてヴィブラート奏法は生きてくるでしょう。初心者はアンブシュアやロングトーンが安定した後にプラスアルファの知識程度にとどめておきましょう。次の練習法は中級・上級の人向けの提案です。

●ヴィブラートの練習法

　ヴィブラートのかけ方はさまざまで、顎で、喉で、おなかで、そして指や体の動きでかけるなどなど。クラリネットで行う場合は顎の動きでかける方法がスムーズです。

ワウワウ（wa-u-wa-u）とかアウアウ（a-u-a-u）と発音してみるつもりで、アンブシュアは下唇を少し下げたり元に戻したりを繰り返します。一見動いているか、動いていないかくらいの微妙な動きですから、チューナーで測定しても３目盛（３セント）くらいの振れだと思います。

●ゆっくりのヴィブラートからトレーニング

　譜例17を見てください。①最初は２分音符の中で１回のwa-uを、次に②４分音符内で１回のwa-uを、そして③、④、⑤と音価を小さくしていきます。ヴィブラートの波が大き過ぎたり、ちりめんのように細かくなり過ぎたらトレーニングにならないので、必ずメトロノームを使って正確に練習してください。上下合わせて３セントくらいの音程の揺れをキープするには、チューナーを見ながらの練習も有効です。

　音の出だしから最後まで均一な波が得られるよう、図10（上）のようなイメージをもつとよいです。そして図10（下）のようになっていないか、自分の音をよく聴きながら、集中して安定した波を目指します。

　ここまでの練習でヴィブラートが規則的に行えるようになりましたか？　出てきている音の波はまだ非音楽的なものかもしれませんが、それでよいのです。TPOに応じてこのツールを使い分けられるセンスと、音楽構築への理解があればヴィブラートは輝き、聴いている人を魅了すること間違いなし！

譜例17　ヴィブラートをしだいに速くしていく

図10　（上）常に均一なヴィブラートと（下）不規則なヴィブラート

音程のコントロール

●音程のコントロール

　音色、タンギング、そして音程が、クラリネットを吹いている人の悩みの上位3つだと言ってよいのではないでしょうか？

　悩む人が多いだけに、良い音程には誰もが憧れますが、音程の良さには2種類あることは理解しておいたほうがよいでしょう。それは**「音程が良い人」**と**「良い音程を感じて演奏している人」**。言葉は同じようでも、大きな違いがあると思います。

　私が考えるに「音程の良い人」はチューナーのメーターがプラス・マイナス0でぴったり音を出せる人。「良い音程を感じて合わせられる人」は、人が気持ち良いと感じられる音程を出せる人。両者は似ているようでも異なります。

　完全な無伴奏で一人で演奏する場合は別として、アンサンブルで演奏するときには、隣のフルートとメロディーを合わせたり、斜め前にいるサクソフォーンといっしょに対旋律を受け持ったり、うしろのホルンとハーモニーを作ったりといろいろな場面があり、仲間と関わらずに1曲を演奏することはありえません。楽器も奏者も十人十色なので、さまざまな音色や音程の人に対して全部がピッタリ合うのはとても難しい、と私は痛感しています。

●まずチューナー先生と仲良くなろう

　そこで提案したいのが、まずは「音程が良い人」になること！　チューナーという身近な大先生に頼って日々トレーニングしてほしいのです。

　初心者はほとんどが今、自分が出している音が高いのか低いのか、判断できないまま演奏しているのが現実です。毎日オーケストラで仕事をしている私だって、実は体調やリードのコンディション、季節の移り変わりによって

自分の音程が日々変化しています。その点、チューナーは嘘をつきません。いつでも自分の生み出した結果を瞬時にジャッジしてくれます。どんなときでも正確な判断で、事実を突きつけてきます。

●常識ある音程づくり

チューナーを使ったトレーニングの目的は、常識ある音程をつくれる奏法を身に付けることにあります。どんな楽器とも、どんな人とも「こんにちは、どうぞよろしくお願いします」と一礼して握手できる、このスタートラインに立つ最低限のマナーをもつプレイヤーになるためのトレーニングなのです。

チューナーがないと自分の音程を判断できない……という人も、最初はそれで大丈夫。毎日チューナーとにらめっこする時間を少しでももてば、意識しなくても、良い音程で吹くクセがだんだんついてくるもの。

一人で練習しているときには、スイッチONでチェックするのを基本にしましょう。3連符、16分音符などの細かい音はあまり気にせず、2分音符や全音符以上の長い音符ではチューナーに注意して音程を作ります。

●良い音程を「感じられる」ようになろう

さあ、音程の最低限のマナーを身に付け、「音程が良い人」に近づいた後、私たちの最終目的は「良い音程を感じて演奏している人」になることです。

常識ある音程を習得していざ合奏、自信満々音を出したら、あれ、やっぱり合わない……。これがアンサンブルというものなのです。

では、どうやったらほかの人とうまく協調して音をつくれるのでしょうか？それは**自分の音と相手の音をよく聴くこと**、これに尽きます。そしてどの音が高い、低いといったクラリネットの特性を知ることはもちろん、ほかの楽器の事情も知ってください。

私は、耳は誰でも鍛えられると考えています。いろいろな音や音楽を注意深く聴くことによって、自分の耳や感性は必ず磨かれるものなのです。

きほんの「ほ」

1日10分
デイリートレーニング・シート

●毎日じっくり基礎練できればよいけれど……

　毎日納得いくまで基礎練習ができれば、基本がしっかり身に付く……かもしれませんが、曲の練習もやらなくてはいけないし、合奏もあるし、なかなか基礎練習をゆっくりやる時間は取れない日もあります。

　ふだんはゆとりをもって基礎練習に取り組みたいところですが、忙しくて時間が取れない日でも基礎力を磨ける、10分間の特別メニューを作ってみました。メニューはレベル1、レベル2，レベル3の3種類です。

　とじこみ付録のデイリートレーニング・シートを使って、毎日うまくなりましょう。たかが10分、されど10分。1週間で70分、1か月で4時間、1年で40時間以上の積み重ねになるわけです。1週間後の本番に向けてなんとかしたいとか、音を良くしたいと思ってもそれは無理というもの。毎日コツコツ10分間、自分と向き合う時間を根気よく続けた人の勝ちなのです。

　アリになるか、キリギリスになるか、どちらを選びますか？

●レベル1

課題A　半音階の8拍ロングトーン①　♩＝60

◆最低音から始めて　まで、$mf\sim f$で延ばす

・音が震えないこと。アクセントやクレシェンド、ディミヌエンドを一切付けないこと
・②途中で止めずに上の　まで吹ききること

　初心者には少しきついかもしれませんが、自分のコンディションが悪かったり、リードのチョイスを間違えると、最後まで吹ききることができません。まさに毎日の苦行かもしれませんが、安定したアンブシュアと息を実感できる良いトレーニングです。

課題B　スケール練習

◆ハ長調とイ短調は必ず吹く

◆そのとき練習している曲の中から調を一つ選んで吹く

選ぶ調は毎日変える。何日かけてもいいので全調吹くのが理想

・スラーとタンギング・テヌートの2パターンで吹く

譜例18　レベル1Bのアーティキュレーション

・低音域は音が響きづらいので、しっかり息を入れるように心掛ける
・高音はアンブシュアをきつく噛(か)んだり、緩んだ状態で息を入れ過ぎて音色が開いてしまうので、自分の耳をよく集中させて、音が壊れないように注意

●レベル2

課題A　半音階の8拍ロングトーン②　♩＝60

◆タイでつなぎながら1拍ずつ音量を変化させて吹く

・音が震えないこと。アクセントを付けずに安定した pp で吹き始めること。音量変化は pp から ff までの幅（譜例19）

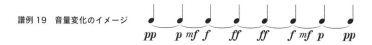

譜例19　音量変化のイメージ

・途中で止めずに上の　　　まで吹ききること

　次の音を吹く前のブレスをたくさんとらなくてはいけませんが、ブレス直後の pp はプロにとっても、とても嫌な難しいテクニックです。特に　　　から上の高音は音が鋭く立ちやすいので、安定したアンブシュアと息のコントロールが必要となります。

アンブシュアで pp を制御しようとするとピッチが上ずり、リード・ミ

スの原因にもなります。チューナーを使って「私はこういう音程で吹いているんだ」と自覚をもって臨みましょう。

　ダイナミクスを付けるこのロングトーンは、リードの選択を間違えるとレベル1以上に続行困難になります。素直に健康的に反応してくれるリード選びがとても大切です。

課題B　スケール練習
- **◆ハ長調とイ短調**
- **◆そのとき練習している曲の中から選んだ調一つ**
- **◆全調の中から選んだ調一つ**

　選ぶ調は毎日変える。何日かけてもいいので全調吹くのが理想

・次の2種類のアーティキュレーションで吹く

譜例20　レベル2Bのアーティキュレーション

- ・レベル1Bのタンギング・テヌートと同じ要領で、短くせずにべったりタンギングする。舌突きをした後、音が衰退しないように
- ・タンギング後も、次の音を吹くまでしっかり息を入れ続け、テヌートを保つ
- ・スタッカートで短く吹かない。「タンギング・テヌート」（p.36）の項目で確認した、しっかり息を流し続ける作業を思い出し、舌を突いたところ以外は音は出続けていることを再認識しながら練習する

●レベル3

課題A　半音階のロングトーン③　♩=60
- **◆2音間で8拍延ばし、pp ─── ff ─── pp の音量変化をかける**
  - ・ppからのクレッシェンドを4拍かけた後、音を成熟させてffで半音上の音に移動。そして4拍でppまでディミヌエンド

・音が変わるとき、タンギングはせずにスラーで

　均等なクレシェンドを心掛けましょう。急なクレシェンドですぐに $f\!f$ になったり、4拍目で突然クレシェンドしたりしないようにしましょう。

　ディミヌエンドで、$f\!f$ から4拍かけてちょうどよく pp に到達するのは意外と難しいものです。ディミヌエンドの指示が見えると、すぐに小さくしなければ、と思ってしまうのが人間の心理です。

　曲の中でのディミヌエンドは、場面場面でのディミヌエンドのさじ加減を調節する必要がありますが、基礎練習の中では早く pp にし過ぎず、ディミヌエンドをかけながらも、よく音が鳴っているかどうか、自分の耳で確認しながら息を小さくしていくくらいがちょうどよいでしょう。

課題B　3度進行　♩=60

◆ハ長調とイ長調

◆そのとき練習している曲の中から選んだ調一つ

◆全調の中から選んだ調一つ

・次の3種類のアーティキュレーションで吹く

譜例21　レベル3Bのアーティキュレーション

・下の音（拍の表の音）をテヌートでよく鳴らすように

・上の音（拍の裏の音）は指をキイから離した勢いで、アクセントが付かないように。下の音にしっかり息を入れて、拍頭の安定感を出すことで、上の音の暴れがちな響きとのバランスをとる

・自分の音をよく聴きながら滑らかに演奏できるように心掛ける

・テヌートがスタッカートにならないよう、べったり延ばすつもりで

きほんの「ほ」

おさらい

　"きほんの「ほ」"は、理解し、実践できましたか？　この章ではテクニックの話や練習の仕方がたくさん出てきて、正直、指も頭もこんがらがってパンクしそう、という人がいるかもしれませんね。よく分かります。私がそうでしたから。

　音階練習やタンギング、指のトレーニングって、あまり楽しい練習ではないし、疲れるし、好きなメロディーや楽しい曲を吹いていればいいじゃない？　不得意なところに蓋(ふた)をして見ぬふり。
　でも考えてみてください。好き勝手に吹くとき、間違えるのはいつも同じ箇所、そしてカッコ良いパッセージは基本的奏法が身に付いていないため、スムーズに決まらず、なんかカッコ悪く。
　この状態を見過ごしていくと、せっかく巡り合った大好きなクラリネットがストレスに、憎むべきものになってしまいます。

　この章のはじめに書いた「心」「技」「体」の話を忘れないでください。
　何のための練習なのか、なぜ健康な体が必要なのか、何を表現するためのステップアップなのか。日々過ごしていると忘れがちになりますが、好きならば次に何をすべきか、行動は決まっています。

　息を操ることでパフォーマンスが成り立つ面白い楽器、クラリネット。楽器に吹かれるのではなく、息を入れてドライブするつもりで吹きましょう。前章の意味をかみしめ、少しでもスキルが上がったら、次の章の話は、よりあなたに浸透するでしょう。

きほんの「ん」
奏法から表現へ

Clarinet

表現を豊かにしてくれる楽語

●作曲家の気持ちを曲げずに表現する

　楽譜を見たときに、五線譜上の音符とともに数々の速度記号、曲想の指示、強弱記号がありますね。これらを「楽語」と言いますが、私たちが表現すべき大事なメッセージが、楽語には詰まっています。

　自分の音楽表現とともに、いえ、それ以上に重要で尊重されなければならないことが、作曲者の伝えたかった音楽、意思だと思います。楽譜の中に書かれたすべての情報を、正しく理解したうえで表現しましょう。実際に音を出して描写するのは今生きている私たちですが、大切なのは作曲者の気持ちを曲げずにそのまま表現すること。もしも作曲者から電話がかかってきて「ここはこうしてほしい、ああしてほしい」と細かく注文を受けたら、そのとおりに演奏するでしょう。それなら、たとえ電話ができなくて、目の前にあるのが楽譜だけだったとしても、それと同じくらい作曲者の気持ちに寄り添って演奏する覚悟で臨みたいものです。

●速度記号

　曲の始まりには必ずと言っていいほど、メトロノームに記されている速度記号やテンポ表示があります。私たちが舞台に立って人前で演奏するとき、ふだんの練習とは最も違ってしまう点はどこでしょうか？　そう「緊張」です。緊張すると、時間の流れ、速い遅いの感覚を正確に体で保っていることが、とてもあやしくなってきます。テンポは曲全体のカラーを決めてしまうほど重要なポイントです。自分の精神状態で簡単に変化してしまう不安定な要素ですから、音を出す前にしっかりとしたテンポ設定をしておくことが大切です。頭の中が真っ白になって、もうテンポのことまで考えられない、という人もいることでしょう。経験を積んで「緊張に慣れる」ことと、いつもどこか冷静な自分を置いておくことで、少しずつでも克服していきましょう。

●チャイコフスキーの《悲愴》

例としてチャイコフスキーの交響曲第6番《悲愴》を見てみましょう。

第1楽章冒頭　**Adagio** ゆるやかに（♩=54）
　　　　主部　**Allegro non troppo** 活発に過度でなく（♩=116）
第2楽章　**Allegro con grazia** 優美に活発に（♩=144）
第3楽章　**Allegro molto vivace** 活発に非常に生き生きと（♩=152）
第4楽章　**Adagio lamentoso** ゆるやかに哀悼的に（♩=54）。

Allegro（もともとイタリア語では「速く」という意味ではありません）が、付随する言葉によって少しずつテンポに違いがでているのに気付きましたか？ただ速いというだけでなく、ものすごく速いのか、ちょっとだけ速いかで曲のニュアンスはかなり違ってきます。「リードの調子は良いか」とか「指がパラパラ回るか」とかいうこと以上に、音楽を表現する点で速度記号を読み取るのは重要なことなのです。

●作曲家からの確かなメッセージ

次に、曲の中の旋律を見てみましょう。この数小節の間でも、ものすごくたくさんの速度記号、楽語、強弱記号が使われていますね。

譜例22　チャイコフスキー：《交響曲第6番》第1楽章

身も蓋もない言い方をするなら、この楽譜の指示をそのまま実行すれば上手に吹けるわけです。チャイコフスキーは100年以上前にすでに亡くなりましたが、ここに細かく書いてある単語と ＜　＞、**ppp** などは、彼が作曲中に考えていたことです。もし、彼が今生きていたら「このメロディー、

ものすごくデリケートな音から始めてね。そして君の愛情を込めて、優しいけど情熱的に演奏してほしいんだ」と奏者に向けて言うことでしょう。だって楽譜にはそのとおりのことが書いてあるのですから。

●分からない楽語は調べる習慣を

分からないことがあったら、すぐに音楽辞典で調べて理解するようにしましょう。そして一つ一つの意味が分かったら、今度は作曲者の意図を自分の言葉（演奏）で表現しなければなりません。チャイコフスキーが書いた $con\ tenerezza$（愛情込めて）をあなたの音と感性で、聴いている人に伝えなければいけないのです。

このメロディーは、第1楽章の最後で奏される有名な主題です。いかにも「悲愴」的で苦悩に満ちた場面をいくつも通り過ぎた後、クラリネットが切なげに、はかなくこの旋律を演奏します。私がここを吹くときには、自分の出せるいちばん柔らかな音で、いちばん優しくてナイーヴな気持ちで演奏するように心掛けています。そしてうまくいったときは、「やった！」と思うと同時に、「こんなすてきなソロをクラリネットのために書いてくれたチャイコフスキーさん、どうもありがとう！」と感謝の気持ちでいっぱいになります。

●音楽で伝えたいのは表現

「リードが」とか「指が」という技術的なこと以上に、楽語を理解し、その奏者のセンスで音楽を表現できるかどうかが重要です。これから皆さんはたくさんの曲に出合うでしょう。作曲家の生きた時代も国もさまざまだと思います。楽譜の上では同じ p や f でも、きっと時代や作曲家によって、求められる大きさや音色はさまざまな表現になるはずです。そうならなければおかしいし、私たちはそのキャラクターを常に追求しなければなりません。

そのためにも、いいものをいっぱい見て、いっぱい聴きましょう。知っている表現のエッセンスが多ければ多いほど、演奏は楽しく自由になれるのですから。

シンプルな楽譜でも豊かな表現を

●楽語の量は作曲家しだい

　前項では、音符以外にも楽語などさまざまな情報を書き込んでメッセージを伝えている楽譜の例を見ました。しかし、作曲家が楽譜に何を書いて何を書かないかは、その音楽が生まれた時代や状況によっても変わります。

　「表現を豊かにしてくれる楽語」（p.54）の項目で紹介したチャイコフスキーの例のように、音符以外にも楽語などさまざまな情報で音楽を伝えようとする作曲家もいれば、バッハやモーツァルトのように、音符以外の書き込みはずっと少ない作曲家もいます。

　音符以外の書き込みが少ないから、ある作品が単純だったり豊かでなかったりするわけではありません。書かれた情報が少ないからこそ、演奏する人が音楽の表情を補って、作曲家の頭の中に鳴っていた豊かな音楽を再現しなくてはいけないのです。そしてそのためには、どうやって楽譜に書かれていない表現を補うべきか、時代や国によって違っていたり、共通だったりする、音楽を演奏するうえでの「お約束」を知っていく必要があります。

●エチュードは表現力を培う教材

　その練習に最適な教材が、エチュードです。エチュードは、演奏曲ほどは難しくないものも多く、教則本のようにテクニックのみに集中するわけでもありません。基礎力を培いながら、その先の音楽的な表現を勉強できます。

　いろいろなエチュードをこなして、それぞれのパッセージや曲想を勉強すれば、いざ曲を演奏するとき、どのように吹けばよいのか、自然と分かるようになるでしょう。

●エチュードを練習するときの注意点

やみくもに練習すればよいわけではありません。
エチュードを練習するときには、次の３つを忘れないでください。

① 譜面をしっかり正しく読む
② 最初から最後まで同じコンディションで吹く
③ 奏者の気持ちと聴き手の気持ちを考える

①譜面をしっかり正しく読む

　譜面の中には作曲者の意図がぎっしり詰まっています。表情記号や強弱記号を指示どおり演奏して、はじめてエチュードを正しく再現できます。譜面に書かれていることを見落として、自分の勝手なテンポで、音量で、書かれていない表情記号を付けてしまっては、トレーニングの意味がまったくなくなってしまいます。

　最初はメトロノームを使って練習し、慣れたら外して吹く。わからない楽語があったら億劫（おっくう）に思わず、すぐに調べて日本語訳を書いておきましょう。

②最初から最後まで同じコンディションで吹く

　最初から最後まで通して同じコンディションで吹くのは、実はものすごく大変なことです。リードの調子だったり、自分の具合だったり、あまりうまくいっていないと、途中で演奏を続けるのが難しくなります。最後までクオリティーを保って吹き切るには、演奏前の的確なリード選びや、自分の安定したアンブシュアや体調管理が必須です。

③奏者の気持ちと聴き手の気持ちを考える

　エチュードは一人で練習して完結するわけではありません。上手になったなと思った時点で、先生や上級者に聴いてもらい、アドヴァイスをもらいましょう。聴き手がどう思っているんだろう？　こんな演奏をしてヘンかな!?　と探りながらの演奏はいけませんが、自由過ぎる自己満足な演奏

も、聴き手には陳腐に映ります。一方通行な表現ではなく、真剣に取り組む姿勢と聴き手の納得が一致するポイントはどこだろうと、プロの奏者も常に考えながら音を出しているのです。

●エチュードの練習法

実際に、C.ローズの《32のエチュード》第1番を例に考えましょう。初心者には少し難しいエチュードなので、将来取り組むときがきたときに思い出して活用してくださいね。

全32曲のうち奇数番号の曲（一般的には「左のページ」といわれている）は、穏やかで音楽性を勉強する曲、偶数番号の曲（「右のページ」）は少し難しく、タンギングやテクニックを磨く曲になっています。

譜例23　ローズ：《32のエチュード》第1番

冒頭8小節の間に、強弱に関する記号では **p**、クレシェンド、**mf**、**f**、アクセントがあります。これを多いと見るか少ないと見るか。多くの人は強弱記号の付いていない部分を無表情に演奏しがちですが、楽器の欠点や息のことを常にカバーしながら演奏すれば、「つまらない曲」に陥らずに、表情豊かな **Andante cantabile** が実現できます。

「楽譜に書いてないからやらない」のではなく、アンダンテ・カンタービレの指示のもとでやらなければならないことが盛りだくさんにあります。楽譜の奥で望まれている、目に見えないものを感じ、イメージしてみましょう。

そのためには、悪い例を見るとわかりやすいかもしれません。次のページで楽譜を見てみましょう。

●悪い演奏例

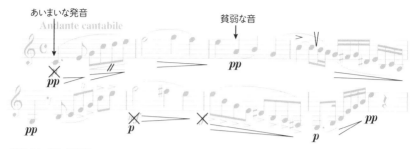

譜例24　悪い演奏例

　クラリネット特有の曖昧な発音で曲のテンポ感や拍が感じられない演奏はとても残念です。メロディーが下行するとき、息が足りずディミヌエンドしているように聞こえることがよくあります。下行音型や中低音域を演奏するときは、息を多めに入れて、やせ細ったかわいそうな音にならないようにしましょう。8小節目の2オクターヴの上行は、fの指定を忘れて息が足りなくなり、ショボショボ終わってしまうことが多い場所。ここでもやはり息を出し続けることが大切です。

　「自分はこんな演奏はしない」と思うかもしれませんが、こういう演奏になってしまっている人は、実は少なくありません。

●良い演奏例

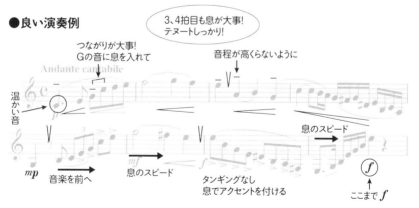

譜例25　良い演奏の例

　書き足されたミチヨ流クレシェンドの多いこと！　それだけ、補って演奏

しなくてはいけないということです。演奏中は、息が音楽そのものの原動力だということを忘れがちです。目と脳で楽譜を追い、指を動かしていくと、息がおろそかになるのが人間です。息を入れることを忘れないでください。

「クレシェンドだらけだとすぐ f や ff になるのでは？」「ずっと大きい音で吹き続けるの？」と思ったかもしれませんね。そうではありません。これは、実際に f や ff で聞こえるわけではなく、音の質を考えながら温かい息を入れ続けてね、というニュアンスのクレシェンドだと思ってください。

コラム 指が疲れたときは

「指がまわらない！」「疲れた！」というときは気分転換。指の体操をしてみましょう。これは私が通っている歯医者さんが診療前にする指運動を教えてくれたもので、私も取り組んでみています。脳からの司令と指さばきがうまくいってこそ、スムーズな動きが実現できます。

やり方はいたって簡単。親指とほかの4本の指の先をそれぞれくっつけて、①親指＋人さし指、②親指＋中指、③親指＋薬指、④親指＋小指の順に輪を作ります。これを何度か繰り返したら、今度はランダムに輪っかを作っていきます。①③②④でも③②④①でも好きな順番で次々と。片手がほぐれたら、もう片手でもチャレンジしましょう。

難しいフレーズを軽やかに演奏するために一生懸命練習するのももちろん大事なことですが、何度やってもうまくできないときや、練習が行き詰まったときは、指も目も頭もちょっと停止してリフレッシュしましょう。その後の練習効率も上がりますよ。

親指を軸にして、次々にほかの指との輪っかを作っていきます。道具もいらず、気分転換にもピッタリ

ソロ楽器としてのクラリネット

●ソロは魅力の宝庫

　アンサンブルも楽しいクラリネットですが、他の楽器にはない、私たちの楽器ならではの魅力を知るためには「ソロ」が近道。だって、作曲家が「ここはクラリネットで決まり！」と選んだ場面だから、「クラリネットはこんな音色で、こんな魅力が出せる楽器！」という要素がたっぷり詰まっているはずです。それにアンサンブル以上の表現力を求められることも多いので、ソロの演奏を研究すれば表現力の幅も広がります。

　有名な曲が多いだけに、一流奏者たちの録音もたくさんあるはずです。どんどん調べて、まねして吹いてみましょう。以下に、私のお勧めをまとめてみました。

●協奏曲やソナタ

　独奏者として長い時間ソロを演奏するので、瞬間的な魅力だけでなく、全体をまとめる構成力なども大切になってきます。

◆音楽を知らない人にもお勧めしたい名曲中の名曲

　モーツァルトの《クラリネット協奏曲》と《クラリネット５重奏曲》は、単にクラリネットのための名曲というだけではなく、モーツァルトの代表作であり、さらにはクラシック音楽を代表する作品でもあります。

◆ピアノとのソナタ

　《クラリネットとピアノのためのソナタ》と題した曲はたくさんありますが、中でもブラームスの２曲とサン＝サーンスの１曲は、初級者でも吹ける部分がある名曲。中級者なら曲全体に挑戦してもよいでしょう。

◆無伴奏の名作

　まったく伴奏のない、クラリネット１本だけの作品も20世紀以降に作

曲されるようになりました。中でも代表的な作品はストラヴィンスキーの《3つの小品》。3曲それぞれに楽器の違った側面に焦点を当てています。

●オーケストラ曲での「ソロ」

他の楽器の音色に囲まれながら「これぞクラリネット」という性格が求められる場面です。魅力的な名旋律が多いのも特徴です。

◆低音から高音まで堪能できるソロ

ガーシュインの《ラプソディ・イン・ブルー》は、クラリネット独奏のトレモロとグリッサンドから始まります。クラリネットの幅広い音域を生かしたソロは、クラリネットのソロとしていちばん有名かもしれませんね。

◆猫役のソロ

プロコフィエフの《ピーターと狼》ではクラリネットが猫役を担当。猫のテーマの部分や木に登るシーンで聞こえてくる猫は、どうやらかわいいだけではなく、なにやら含みのある性格のようです。

◆クラリネットって良い楽器だなとほんわかするソロ

・チャイコフスキーのバレエ音楽《くるみ割り人形》の〈花のワルツ〉
・ベートーヴェンの《交響曲第6番「田園」》第2楽章70小節目から
・ビゼーのオペラ《カルメン》の〈間奏曲〉。フルート・ソロの後
・ベルリオーズの《幻想交響曲》第3楽章119小節から

◆弱音のしなやかな魅力たっぷりなソロ

・レスピーギの《ローマの松》から〈ジャニコロの松〉
・ラヴェルの《ボレロ》。ステージでは緊張します。

◆思わず涙が出てしまう、もの悲しいソロ

プッチーニのオペラ《トスカ》から〈星は光りぬ〉

◆存在感たっぷりでおどろおどろしいけどカッコいいソロ

・バルトークの《中国の不思議な役人》では随所にソロがあります。

クラリネットの魅力満載の曲は、このほかにも紹介しきれないほどたくさんあります。楽譜が手に入ったら、ぜひトライしてみてください！

きほんの「ん」

アンサンブルの喜び

●仲間とのコミュニケーション

　ソロ楽器としてのクラリネットの可能性を見つけたら、次はアンサンブルの楽しみも味わいたいものです。仲間とのコミュニケーションが必要なアンサンブルは、自らのパフォーマンスでステージを背負ったソロとはまた違った達成感があります。それと同時に、個人プレイではどうにもならない「もどかしさ」を感じたことのある人も多いはずです。でも、きちんと交通整理をして、一人一人の役割を把握できれば、アンサンブルの喜びは無限に広がることでしょう。

●さまざまなアンサンブル編成

　アンサンブルには、さまざまな形態があります。同族で編成されたクラリネット2重奏、3重奏、4重奏……と次々に増えていき、もっと増えるとクラリネット・オーケストラ（クラリネット・アンサンブル）。ほかの楽器との合奏ではクラリネットとピアノ、木管5重奏（クラリネットのほかにはフルート、オーボエ、ファゴット、ホルン）、モーツァルトやブラームスの名作が残るクラリネット5重奏（クラリネットと弦楽4重奏）などがあります。

●アンサンブルの練習法

　どのアンサンブルでも基本の練習法は同じです。「せーの！」で音を出したときに、自分がどういう働きをすべきなのか、前の人はどんな動きをしているのか、隣の人はどんな音を出しているのか、これらを察知できるテレパシーを出しながら練習すると、より効果が上がりますよ。
　次のページから、具体的に説明していきましょう。

アンサンブルの中のクラリネット

●アンサンブル前の練習法

◆曲を聴く

　CDやインターネット、実際の演奏会に足を運んで生の演奏を聴くなどの手段で曲に親しみ、全体像をつかみましょう。数回聴いていく中で、自分のパートの役割やほかのパートの機能が、パッと見えてくることがあります。そうするとこの先の全員での音出し練習のときに、音楽が平面ではなく立体的に捉えられ、より自由に音を遊べるようになるものです。そして、いくつかの演奏を参考にして、「自分の演奏」を組み立ててみましょう。しかし一つの演奏や模範演奏に固執して、コピー・マシンになるのだけはNGです！

◆パート譜の練習

　次は自分のパート譜の練習です。パート譜の練習をした後で曲を聴くという進め方でももちろんかまいません。私の場合は、時間に余裕のあるときは「聴く→パート譜練習」の順で、忙しいときは「パート譜練習→聴く」の順にしています。

　山登りをするとき、その山が標高何メートルなのか、登山道はどんなタイプなのか、どの程度のレベル向けの山なのか、といったことを事前に知らなければいけませんよね。曲と向き合うときも同じで、どんな音がするのか、速度や曲調はどんな感じなのか、といったことが前もって分かっていれば、その後のアプローチもグンとしやすくなります。

　ここまでの手順を踏まないうちは、絶対に全員での音出しに入らないでください。各パートの責任がもてない状態のアンサンブルでは、周囲に迷惑がかかるうえに、何より自分が恥ずかしいのです（昔よく失敗しました）。自

きほんの「ん」

分のパート譜をきちんと吹けるようになったうえでの音楽、そしてアンサンブルです。表現を豊かに、もっとアンサンブルを楽しむためには、その一員である自分のパート譜を確実にこなすことが大切です。全体の納得いく仕上がりにもつながっていきます。

●アンサンブルでの練習

　いよいよ全員での音出しです。最初は大まかでもよいので、なるべく止まらないように曲の最後まで通してみましょう。指揮者がいないアンサンブルの場合は、曲の冒頭はメロディーの人や高音の人、もしくは大切なパートを受け持つ人が合図を出します（ドイツ語で「アインザッツ」と言います）。

　一人の練習とは違い、複数人で演奏するときには、基本的なテンポ感を皆でキープしたり、*rit.*や*accel.*などのテンポの変化に対応するのはとても難しいですね。楽譜の最初にある指定テンポで吹けるまでの練習は個人でやっておくとして、*rit.*や*accel.*をどの辺りからどの程度かけるかといった相談は、アンサンブル練習のときにしましょう。一度でパッとうまくいくこともあれば、何度やってみてもうまくいかないこともあります。うまくいかないときは流れが不自然で、フレーズが作為的で取って付けたように感じられることでしょう。アイ・コンタクトや、皆の体の動きで流れをつかむ勘を働かせれば、きっとうまくいきます。部活動の先生には「心を一つにして」などといわれるかもしれませんね。

●アンサンブルを導いてくれる情報

　曲の要所要所に見られる表情記号も、アンサンブルでは見落としてはならない重要な情報です。かつて音楽が最も繁栄していた国がイタリアだったので、今でも表情記号の主流はイタリア語です。あまりなじみのない単語が多いですが、意味の分からないものはすぐに調べましょう。

　「自分の音を出しながら周囲の音をよく聴き、動きに注意する」と言葉でいうのは簡単ですが、実践するのはなかなか難しいですよね。そんなときは練習を録音してみるのも有効な手段かもしれません。

不可能だと知りつつも、音を出しながらいつも考えてしまうのは「自分の音を生で聴いてみたい」ということ。生の音は無理でも、音程が高いか低いか、テンポが速いか遅いか、メロディーと和音のバランスはどうなっているかなど、録音が正確に再現してくれます。録音栄えする演奏を最初から目ざすことはあまり好ましくありませんが、これを上達の一つの指針としている演奏者は少なくありません。

　スコアのチェックも問題解決の良い方法です。スコアを見るクセを付けると、宝探しのように、見落としていたヒントがあちらこちらに浮かび上がってきます。スコアを見れば各パートの役割も明解になり、メロディーを堂々と主張したり、和音でしなやかに響きをつくったり、低音で「縁の下の力持ち」に徹したりと、演奏にメリハリがつきますよ。

●アンサンブルの中の音程

　きほんの「ほ」で書いた「音程のコントロール」（p.46）の続きをしましょう。アンサンブルの中で和音を受け持ったとき、自分が和音のどの音を吹いているかわかりますか？

　ハ長調（C-Dur）を例にして考えましょう。基本の和音は長3和音（ド・ミ・ソ）と短3和音（ド・ミ♭・ソ）で、それぞれドを根音、3度上のミとミ♭を第3音、5度上のソを第5音といいます。仲間と音程合わせをするときは、まずドとソの音を延ばしてうなりがないか、きれいに響いているかをチェックします。ソの音は音程が低くならないように注意しましょう。少し高くても大丈夫です。ドとソの音が決まったらミの音も加わります。長3和音のミはソとは逆に少し低めに、短3和音のミ♭は少し高めにとると、すわりのよい安定した響きが得られると言われています。

　プロの演奏家はどの調を吹いても、基本の3和音が出てきたときに、自分が根音、第3音、第5音のどこを受け持っているかを瞬時に判断できるものです。音程合わせは難しいかもしれませんが、まずは曲の最初や最後、音価が長い延ばしの和音などの目立ちやすい箇所では、自分の音と周りの音とをよく聴きながらコントロールできるように目指しましょう。

きほんの「ん」

●ピッチの調節

クラリネットは吹き始めて10〜20分ほどたつと楽器が温まり、音程が上がってきます。管のどの部分を抜いてピッチの調整をしたらよいか、知っておきましょう。

チューニングのときに出す 🎼 や 🎼 が高いときは、下管とベルの接合部（図のⒶ）を、🎼 や 🎼 の辺りの音域を下げたいときは上管・下管の接合部（Ⓑ）を、🎼 や 🎼 が高い場合は、「たる」と上管の接合部（Ⓒ）を抜いてください。

いずれの場所も少しずつ、0.5mmくらいから抜いていきます。まだ下がらなければプラス0.5mm、もっと下げたければプラス0.5mm……と、少しずつ抜くとよいでしょう。

●音の出だしはピッチがブレる

チューナーを見ながらよく注意して音程をチェックしてみると、音の出だしでチューナーの針が右へ大きく振れ、2〜3拍延ばすと10セントほど左に戻るのに気付くと思います（息を入れた発音の瞬間のピッチが高くなる現象は、ほかの管楽器にも見られる傾向です）。

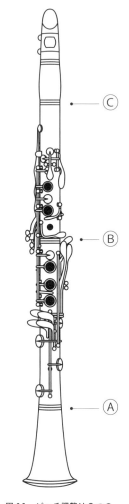

図11　ピッチ調整は3つの接続部を使い分けて行う

しかし、自分本来のピッチは、しばらく延ばして落ち着いたところにあります。発音の緊張でアンブシュアをきつく締めてしまったり、アクセントが付いたりすると高いピッチになってしまうので、最初から体も口もリラックスして音を出しましょう。安定したピッチ・音色が得られます。アンサンブル、ソロともに正しいピッチを意識して良いクセが付けば、より自由な表現が広がり、清潔感あふれるサウンドが実現するでしょう。

スコアの使い方

●スコアを見るのは指揮者だけ？

　パート譜での練習や、CDなどの音源で曲のイメージを膨らませること以上にレベルアップに役立つ便利なものが、スコア（総譜）です。指揮者が使っているこの大きな楽譜の中には、全パートの譜面が一斉に載っていて、上から木管楽器、金管楽器、打楽器、そしてオーケストラの場合はその下に弦楽器が記されるのがおよその慣習です。

　ぎっしりと詰まった小さな音符が何段も連なる五線譜の中から自分のパートを見つけるのは、いかにも大変そう。この膨大な音の情報から何を拾い集めればよいのでしょう？

●スコア入門は「自分と同じ動き探し」から

　指揮者はスコアから音楽の３要素（旋律、和音、リズム）を整理し、音符、速度、強弱記号やアーティキュレーションなどを見ながら、曲を早く読み解く仕事（いわゆるアナリーゼ）をしますが、スコア初心者はそこまで追求する必要性は薄いと思います。シンプルに「自分と同じ動き」を見つけ、その後で「自分と違う動き」を知ればよいでしょう。

　一人でパート譜を練習していると何の苦労もなく簡単に吹けていたところが、合奏になるとうまくできなくなる場合があります。よくある失敗は、音を出していない休みのところで、小節や拍がわからなくなること。休みの小節数を間違いなく数え、今鳴っている音楽の場所を把握する作業も大事ですが、単に数を数えるだけではなく、自分が休みのときにほかのパートが奏でる音楽を理解しておく必要があります。ほかのパートの動きを知って余裕ができると、自分のパートにも自信がもてます。

　実際のスコアを例に、スコアの読み方を見ていきましょう。ホルスト作曲の吹奏楽作品《第１組曲》の〈マーチ〉を例にします。

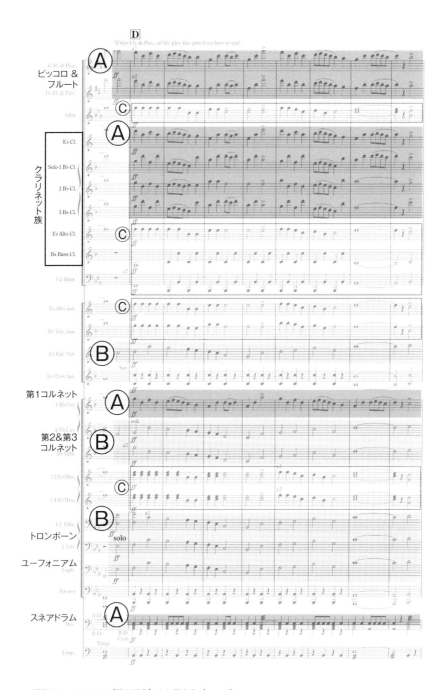

譜例 26　ホルスト：《第 1 組曲》より第 3 曲〈マーチ〉

●スコアの模様から、役割を探そう

楽譜を見るとド、レ、ミ……と一つ一つの音符を読みたくなるかもしれませんが、スコアを見るときには、同じタイミングで同じリズムを演奏しているか、同じ方向に動いているか、といったことを遠目に眺めてみることもできます。「模様が同じか、違うか」を確認してみるだけでも発見できることが少なくないのです。

パート数の多さにひるまないようにしましょう。パート数が多いからこそ、「同じ動き」が目立って探しやすくなることもあります。

では、スコアの「模様」をどんな視点で眺めればよいのでしょうか？

◆自分と同じ動きのパートは？

ピッコロ、フルート、それと第1コルネットのパートが見当たりました（譜例26Ⓐ）。この人たちと一緒に音程、音色をつくるとうまくいきそうです。

◆主役のパートは？

Ⓐのセクションが主役なのでしょうか？　確かにこのセクションが吹く旋律は、曲の5小節目でコルネットが演奏していた主題の再現（前に出てきたフレーズがもう一度出てくること）です。譜例の箇所では、さらにスネアドラムのリズムも参加していて、主導権を握っているように見えます。

◆ soloやsoliのパートはある？

しかし、トロンボーン、ユーフォニアムを見てください。soloの指示があります。これは実は、曲の中間部の旋律と同じです（Ⓑ）。つまり、リハーサル・マークⒹからは、これまで出てきた二つの旋律主題が同時に演奏されます。作曲者はⒷの旋律をより浮き上がらせたいと考えて、soloの指示を書いたのではないでしょうか。

◆リズムや和音の担当

ここでのアルト・クラリネット、バス・クラリネットの役割はリズムと和音の支えです（Ⓒ）。縁の下の力持ちとなって、アンサンブル全体をしっかり引き締めましょう。E♭、B♭クラリネットと同じく、Ⓑの旋律をよく聴きながらのプレイも忘れずに。

きほんの「ん」

◆ **自分たちの役割を考え、表現方法を考える**

　このとき、Ⓐのパートがすべきことは何でしょう？　「ff と書いてあるからとても大きく吹こう」では、soloやsoliパートとケンカになり、自己満足に満ちた音楽になってしまいます。最もお客様に聴いてもらうべき旋律を立てながらも主張するダイナミクスは、おのずと f から mf くらいに落ち着くはずです。

●模様グループごとの分奏(ぶんそう)

　クラリネット族で集まってパート練習をしている人はたくさんいると思いますが、同じ模様や動きのパートだけで分奏する習慣のあるアンサンブルは意外に少ないのではないのでしょうか。

　分奏のメリットは、数小節間だけ合わせるので**短時間でできる**こと、そして、同じ動きのパートだけで合わせるので、**他楽器のピッチや指使いの癖を理解し、歩み寄りやすいこと**です。

　この楽譜の場合なら、E♭クラリネットとB♭クラリネットの1〜3番は、ピッコロ、フルートと合わせるのがよいでしょう。スネアドラムも交えて、特徴的な8分音符4つのリズムを練習できるとなお良いです。同じように、アルト・クラリネットはオーボエとホルンと、バス・クラリネットはファゴットと分奏してみてください。

●分奏は身構えずに短時間で

　必ずしもしっかりとした「分奏の時間」を設ける必要はありません。合奏中に気になったときに同じ動きのパートだけで少し合わせたり、休憩時間に声をかけあって、その場にいる人だけで、合わせてみてもよいのです。

　プロのオーケストラ奏者たちも、音程が気になるところがあったら、ちょっとした隙間の時間を見つけて個人的に声をかけ、数音や数小節だけ音を出して音程を確認しています。

　数十秒から、長くても数分の確認で音程が見違えるようによくなり、音楽全体が引き締まることも多いのです。

きほんの「上」に
楽しく音楽を続けよう

Clarinet

練習の組み立て方

●1日の練習の組み立て方

　毎日3時間以上クラリネットが吹けて、個人練習、数人でのパート練習、合奏とバランスよくこなせるのは理想です。

　でも実際はなかなか思いどおりにはいかないもの。本番、コンクール前やアンサンブルコンテストの前は、ほとんどの時間を全体練習や合奏にとられ、個人練習も曲の難しいパッセージのみに追われてしまうことが多いのではないでしょうか。

　より上の賞を目指し、数か月から半年かけて選択した曲を集中的に練習する。吹奏楽部などに入部して皆経験することかもしれませんが、これはあくまで部活や団体の中でのスパンのこと。では、クラリネットを志すものとしてのスキル、能力はどうなるのでしょう？　私って、本当はどれくらい吹けるのかしら？

●短期、中長期の課題

　大きな本番の前でもオフの時期でも、長い目でクラリネットの技術向上を見据えながら練習することはできます。難しいかもしれませんが、こうした姿勢が1年後、2年後の自分を変えることになります。

　本番前の忙しい時期は、目の前の課題に立ち向かわねばなりません。そこに多くの時間が割かれるでしょう。同時に将来ぶつかる課題をクリアできる基礎力、腕前も身に付けていかなくてはいけません。現実の課題をこなしながらも、未来の自分を作るための努力もする。とても大変なことですよね。

　しかし、この先をにらんで、どんなに忙しい日でも「1日10分のデイリートレーニング」を必ず練習する、リードの箱を開ける時間がないからとずっと同じリードで吹くのではなく、いつも新しいリードを育てていく、といっ

た地道な作業が大切です。今日１日の練習時間の割り振りをどうさばくか、そして中長期的に自分がどうなりたいか（例えば半年後に高音を一つ出せるようになりたいとか、音階を暗譜してみるとか、より真っすぐなロングトーンができるようになるとか、何でもよいのです）、到達点を設定すると、レベルアップの近道となります。

●練習内容の組み立て

　３時間トレーニングできるときは、ロングトーン→半音階と音階→教則本→エチュード→曲、とスムーズにじっくりやる。よし、満足！

　でも30分しか時間が取れない日に、同じようにロングトーン→半音階と音階→教則本……と進めていくとどうなるでしょう？　あっ、今日も同じところまでしかできなかった！　という繰り返しになってしまいませんか？

　皆さんには、30分吹ける日も３時間吹ける日も闇雲(やみくも)に同じ練習を積むのではなく、その時々にあった練習メニューを工夫してほしいのです。

　時間がないときは、賢く基礎練習のいいとこ取りをして曲に移るとか、今日はゆっくり練習できる時間があるからロングトーンを多めにやって音を良くするぞとか、与えられた教則本やエチュードを強制的に進めていくのではなく、考えて組み立てて練習してほしいのです。

　私が楽器を教えに行ってよく見かけるのは、今やっている曲とは全然関係ない調の音階を練習してから曲に入ったり、スタッカートが難しい曲なのにタンギングの練習をせずに曲を始めたりする練習の風景です。何のための基礎練習かなぁと感じることがあります。曲を自由に表現する最終目的を達成するためのテクニック、テクニックを身に付けるための基礎練習なんだと再認識しましょう。

　１年後の上達のための基礎練習プラス、今の曲に関連した的確な練習内容の組み立て、これらがうまくできれば、時間があるときもないときも、中身の濃い充実したトレーニングになること間違いなしです。

楽器のメンテナンス

　自分の楽器が良い状態なのか悪い状態なのか、よくわからないまま日々練習に励んでいる人をたくさん見かけます。どんなに練習を積んでも、楽器にトラブルがあるとすべてがひっくり返ってしまいます。メンテナンスができていない楽器を使い続けるリスクは計り知れず、鳴らない楽器を頑張って鳴らそうとすることによって体に無理な力が入り、リラックスとはほど遠い状態でのトレーニングを重ねていると、息や構え、指の形に必ず支障をきたします。楽器も自分も健康な状態で、幸せな練習を積んで本番を迎えたいものです。

● **さまざまなトラブル**

　次の症状が出てきたら要注意！　楽器店やリペアのプロにみてもらうことをお勧めします。

- ▶ タンポが茶色っぽく変色している
- ▶ タンポが毛羽だっている
- ▶ 同じタンポからしょっちゅう水が出てくる
- ▶ キイの裏などのコルクがはがれてカチカチと雑音がする
- ▶ 🎼 の音が発音しづらい

　スワブを通すことの重要性は前に述べましたが、タンポから水が出てきた場合は息で水滴を勢いよく吹き飛ばし、クリーニングペーパーで拭き取った後、スワブで管内の水分を取り除きます。偶発的な水ならあまり心配ありませんが、それが同じ箇所から何度もとなるとタンポの交換しかないでしょう。

コルクの破損も、微妙な厚さや角度の付け方があるので、修理屋さんにやってもらうことをお勧めします。♩の音が鳴りづらいときは全体のバランスの崩れが疑われます。こちらも早めに調整してもらいましょう。

　練習は毎日のことなので楽器の微妙な変化に気付かず、自分の調子が悪いのではないかと錯覚しがちです。この閉そく感を打開するためにがむしゃらに練習を重ねて、しまいには無理な吹き方が上手になってしまう ── これが怖いのです。1年かけて付けた変な癖は、直すのに3年かかると言われています。プロを目指す奏者たちも、これに大変な労力を割いています。ぴたっと整えられた楽器を使ってこその上達への道。早く気付いた人ほど明るい未来が待っている、と言っても過言ではありません。

●コンディションは2週間で崩れる

　日本には四季があります。春夏の5〜6月頃から湿気が、秋冬の10〜11月頃からは乾燥が始まり、寒暖差は1年を通じて30度以上あります。目には見えませんがリードしかり、クラリネットも湿気を含んで膨らんだり、乾燥して縮んだりで毎日生きているのです。

　私が長年調整してもらっているリペアの達人曰く、「**楽器は2週間で崩れる**」。えー、そんなに早く!? と驚く人は多いはずです。2週間に一度リペアに持っていくべきなのか、なかなか実行できる人はいないのではないでしょうか。しかし、裏を返せば春夏秋冬毎日の練習の中で、修理後1か月ほどでキイのバランスが崩れたりタンポの状態が変化したりというのはあり得ること。3〜4か月に一度は必ずリペアのプロに楽器を見てもらいましょう。それも無理という人は半年に一度は絶対に修理に出すようにしましょう！ 1年に一度ほどのペースになると、オーバーホールの域。オーバーホールとは楽器をすべて分解して点検や修理、大掃除までもして、完璧な状態に復元してもらう作業のことです。日頃の本番の直前に大手術なんてことにはならずに済むのです（私も何度か痛い目にあいました）。

●楽器のひび割れ

　購入して間もない楽器や、数年使用した楽器でも冬場の乾燥にはひび割れの注意が必要です。新しい楽器は１年間の乾燥と湿潤を経て木が落ち着きを見せますが、安定するまでに割れてしまう話はよく聞きます。また数年使用している楽器にも突然ひび割れが発生することがあります。「良い木質の楽器は割れる」という話を聞いたことがありますが定かではありません。

　よくひびが入りやすい場所は上管のA、G♯キイの上辺りと右手トリル・キイの周辺、レジスター・キイの上部や内側の木の部分です。

写真10　割れやすい場所。乾燥は大敵

　大きな木目とひび割れの区別がつきにくい場合がありますが、前日までの状態はどうだったか、新たにできた溝なのかで判別できます。発見したらもう楽器を酷使することなく、速やかに楽器店に持ち込みます。なかなか楽器店に行けなくて、100％楽器が割れている状態であれば、応急処置として透明の瞬間接着剤をごく少量流し込んでおくと、ひびがそれ以上広がらずに済みます。初心者は扱いが難しいので、顧問の先生や指導者、上級者に託しましょう。私はなんとベルが割れてしまった経験があります（良い木質だった!?）。楽器によって個性が違うので、自分の楽器を日々よく見守り、知っておく必要がありますね。

習う、教える

　吹奏楽部入部がきっかけで初めてクラリネットを持った、始めたという人が多いのではないでしょうか。私もそのうちの一人で、1学年上の先輩たちが楽器の組み立て方からアンブシュア、指使いまで手取り足取り教えてくれました。何十年も吹いている今となっては、中学1年生も2年生も、スタートラインに立ったかわいい奏者、と思えますが、見方を変えればこの先輩たちが最初の小さな先生であったと言えるかもしれません。

●専門家に習う意義

　クラリネットを始めて1年2年とたつうちに奏法上、表現上の課題や悩みが出てきます。自分がどんなに練習しても、先輩、後輩、パート内で努力しても解決できない問題をどう乗り越えるか？　それには次のステップである専門家（クラリネット奏者、クラリネットの先生）に直接習う、という方法があります。専門家は今の問題点を客観的に捉え、解決の方法をアドヴァイスしてくれます。生徒だけでつまずいていた練習方法も、専門家は明確な答えを出し、正しい道標を用意してくれます。

　個人だけでは費用の面で難しいこともあるかもしれませんが、部員一人数百円、お小遣い程度を出し合って専門家に指導を依頼するという方法もあります。例えば1年間の大きな山場でもある吹奏楽コンクールやアンサンブルコンテストの前までに1回目：基礎的な奏法や運指の指導、2回目：本番の曲の練習法やアドヴァイス、3回目：本番前の総仕上げのレッスンと、**数か月かけて数回教えてもらうのが効率的**でしょう。専門家は生徒に魔法をかけられるわけではないので、今日教わったら次の日突然できるようになる、ということはありません。段階を踏んで、専門家の教えと自分の鍛錬が実を結び、納得いく結果が出てくるのです。付け焼き刃では本当の力が付いたとは言えませんね。計画的に練習スケジュールを立てることをお勧めします。

私は吹奏楽部でのトレーナーから東京藝術大学の先生、フランス留学の先生に至るまで、数十人の先生に教えを受けました。その中で感じたのは、先生には合う、合わないがあるということ。たまたま出会った専門家の意見を鵜呑みにせず、機会があったら別のタイプの先生に習ったり、興味がある人はジャズなど違うジャンルのレッスンを受けてみるのもいいでしょう。そうした経験から、やはりクラリネットは独学では難しく、いろいろな人の意見が必要なのだと強く感じました。「5年以上習ったらその先生の悪いところも吸収してしまう」という話を聞いたことがあります。ずっと同じ専門家に習うことで、良いところだけではなく、欠点も受け継いでしまうという意味です。当たり前ですが先生は万能の神様ではありません。私たちは自分の思いや音楽をもっていて、それらをより楽しく自由に表現するために日々教わったり練習したりします。先生の言うとおりのコピー人間のような演奏の中には、あなたの個性も長所もありません。先生も使いよう！　いろいろな先生に会って、学んで、自分にしか出せない音、できない音楽を探していきましょう。

●教えてみてわかること

　少しでも上達したい、良い音を出したい、とクラリネットを吹いている人なら誰でも願います。私も学生のときや留学時代にはとにかく少しでもうまくなりたい、レベルアップしたいと必死でした。そのときに習熟したテクニックや奏法は大きな財産となりましたが、その価値に最も手応えを感じられるのは演奏しているときよりも、教えているときです。

　生徒に意見や見解を述べているとき、その言葉が自分にかえってくるのです。人に解き諭す立場の先生ですが、同じ経験をしたものとして教えがしみわたり、良いこと悪いことの再確認になっています。「人の振り見て我が振り直せ」ということわざは、習う立場にも、教える立場にも当てはまります。

　この本を書きながら、本だけでは伝えられないもどかしさのようなものを感じます。皆さんは実際に習って、レッスンを受けてください。そして、この本でセミメイドまで築いた知識を、オーダーメイドの完成品に仕上げましょう。ご要望があれば、私も皆さんのもとに駆けつけます。

失敗から学ぶ

●本番で失敗したとき

　数か月もかけて練習した後の本番で「やりきった」「最高の出来だった」と思えれば、こんなに幸せなことはありません。でも本番がいまいちだったとき、ドカーンと大失敗してしまったときはどうでしょう？　私は、自慢ではありませんが、失敗の数は誰にも負けないと思っています。シーンとした曲で大きなリード・ミスを出してしまったり、自分のソロを1小節早く出て、気づかずずっと吹いていたりとか……。そのときは穴があったら入りたい、消えてしまいたいと思うし、自己嫌悪でものすごく落ち込みます。

　いずれの失敗も後から冷静に振り返ってみると、体（指・息）と精神（気持ち）がうまくいっていないことが原因だと思えました。本番で緊張しない人はいないと思います。ただ、良い緊張を作れる人と、過度の緊張から自分を見失ってしまう人に分かれるのではないでしょうか。

●緊張をコントロールする

　前章で「練習は本番でプレイしているつもりで緊張感をもって、本番は自信をもってリラックスしてプレイしよう」と書きました。「ドキドキし過ぎて口から心臓が出ちゃう」というほどの人もそこはちょっと我慢。腹式呼吸をもう一度意識して、呼吸と舞い上がった気持ちを下へ下へと収めるように落ち着かせます。適度な緊張は集中力をアップしてくれて、プレイを光らせます。逆に過度の緊張で頭が真っ白になってしまうような場合は、大好きなクラリネットを楽しむためにやっているんだと思い出してください。

　ハレの日の舞台で良い緊張を作る方法は次の2点です。

　①経験、練習を積んで自信をつける
　②等身大の自分をイメージして気持ちをコントロールする

きほんの「上」に

どちらも、体と精神をうまく操ることで、本来の姿以上でも以下でもないありのままの自分が表現できます。

　①は本番までに自分がやるべき練習を果たし、スキルアップしておくことで自分に自信をもたせるという意味。また本番中に前後不覚になったときに日頃の鍛錬のおかげで指が勝手に動いてくれた、息が入っていたなど、過去の自分のおかげで助けられることもあります。ピンチを救ってくれるのは過去研鑽(さん)を積んだ自分自身です。今日の練習は将来の自分のための価値ある貯金、と考えましょう。

　②のコントロールは、"自分には無理。しょせんうまくいかない"とネガティブになったり、反対に"きっと神様が降りてきて奇跡を起こしてもらえる。ちょっと練習不足だけど本番だけでも運良く切り抜けたら、それも実力のうち"と邪念や欲にかられてはいけないということです。「緊張し過ぎてもしなくても、思うような結果は出ない」と心に言い聞かせて、「ここまでやったんだから、あとは全力を出すのみ！」と胸を張って、良い緊張で本番に臨もうではありませんか！

●失敗の意味

　それでも人間ですから、失敗は誰の上にもあります。世界を舞台に活躍しているプレイヤーも、楽器を持って半年の初々(ういうい)しい奏者も失敗するのです。ではどういうふうに失敗と向き合えばよいのか？　私は失敗こそが、自己の成長につながる大きな財産だと思うのです。

　私は、発明家のトーマス・エジソンの残した言葉、「失敗なんかしちゃいない。うまくいかない方法を700通り見つけただけだ」が大好きで、いつも自分に言い聞かせています。失敗をどう捉えるのか、失敗後どういうスタンスで行動していくのかで、未来の可能性は180度違ってくるでしょう。

　失敗の数だけ学ぶものがある、乗り越えられない試練や課題は、人には与えられないと思うのです。成長の喜びも失敗のほろ苦い経験も、すべてあなたの血となり肉となり、音楽と音色を形作ります。あなたにしかできないクラリネット演奏をつくりましょう。それを楽しみに待って、共感してくれる人は、必ずいるはずです。

プロになりたい人へ

　音楽に携わる人がどういった経緯で自分の目標にたどり着いたかはさまざまだと思いますが、クラリネット奏者のほとんどは、専門的な学校や音楽大学、芸術大学で研鑽を積みます。それぞれのステップで目指すこと、やるべき勉強があります。ここでは3つの段階に分けて話をしましょう。

●中高生でやるべきこと

　クラリネットを始めてから数年の間は、人間でいうと体（体力）作り。病気に負けない健康な肉体を作る期間です。この時期見たもの聴いたことのすべてが、スポンジが水を吸うように、よく吸収され脳に心に体に残ります。音色もこの初期の段階で形成されますので、正しい奏法で、なりたい音のイメージを常にもちながら過ごせるとよいですね。「この曲が大好き」という発想で毎日お気に入りの曲を聴いたり、その曲を数小節でもいいから吹いてみる、なんてとても楽しくて、上手に吹けるとうれしいものです。

　「楽器のメンテナンス」（p.76）の項目で書いた、悪い癖を直すのに3年かかる、というようなやっかいな習慣が付いてしまうのも中高生のとき。基礎練習をしっかりやっているかどうかで、その先の自分のなりたい姿が変わってきます。今は辛く面白くない地道な一つ一つの練習も、不可能を可能にしてくれる大きな原動力になります。面倒と思わず練習しましょう。

◆受験に必要な準備

　専門学校や音大、芸大に進むのにやっておかなければならない最低限の勉強を挙げます。

　　　●クラリネットの個人レッスン
　　　●国語、外国語、聴音書き取り、楽典、副科ピアノ

きほんの「上」に

クラリネットのレッスンは必ずプロの奏者か先生につきましょう。プロの音色に間近に触れ、先輩や友達とは違うテクニックをまのあたりにできる貴重な体験がレッスンです。吹奏楽部の合奏や、大人数のパート練習とは異なり、プロとの1対1の時間は上達への最短の道です。近くにプロの奏者がいない人は部活の顧問の先生や、楽器店に紹介してもらいましょう。

　何よりも重要なのはクラリネットの実技ですが、そのほかの課題でつまずいて入学試験に合格しなかった人を何人も知っています。語学・聴音・楽典・副科ピアノはダントツに優秀ではなくてよいけれど、それらが足を引っ張って不合格になるのは本当に悔しくて残念なことです。得意とならないまでも、平均点を取れるくらいには勉強しておきましょう。学校によってはこのほかに、新曲視唱やリズム課題などがあるので、自分の進みたい学校の情報をよく調べておく必要があります。

●専門学校、音大、芸大でできること

　音楽の知識やクラリネットの土台を築けたら、次はそれを広げて自分にしかできない世界を見つけましょう。人との関わりも多くなり、興味を持てば色んな経験が待ち受けています。

　この時期大切にしたいことは下記のとおりです。

- ●人の演奏をたくさん聴く
- ●クラリネット作品のレパートリーを増やす
- ●仲間を見つけていろいろなアンサンブルをする
- ●西洋音楽の本場の空気を吸う

　「人を鑑とせよ」ということわざがあります。自分の欠点を改めようとするとき、自分のうちだけに原因を探すのではなく、他人の行動から良いところは見習って、悪いところはそうならないようにしようという意味です。これは大変収穫ある行動だと思います。

　自分の生演奏をその場で聴くことはできません。しかしほかの人の本番を聴くことで、冷静に演奏の分析ができます。そのとき感じたことを自分の演

奏に生かせばよいのです。まねはいけませんが、ここは注意しよう、ここはもっと大げさに表現してみようなど、いろいろなアイディアも浮かんでくるはずです。

◆いちばん時間をかけられる時期

　クラリネット人生でいちばん時間があるのがこの時期です。多くの作品に取り組み、表現の引き出しを一つでも増やしてください。このときに勉強した曲は、何年たっても自信に満ちた輝きがあります。後になって、もっと勉強しておけばよかったと後悔する人は多いようです。

　そして、時間のほかに、もうひとつ恵まれているものが、仲間です。クラリネット以外のさまざまな演奏家の卵がまわりに溢れています。私に管楽器以外の弦楽器、声楽、指揮、作曲の友達が初めてできたのはこの時期でした。卒業した後、仲間を作り、集めるのは大変なこと。学生のうちに、志が近くて気心の知れた仲間と集まれることは人生の宝となります。

◆世界の広さに触れる

　日本にいながらでも、海外の来日オーケストラやクラリネット奏者のコンサートを聴くことはできるし、今の時代は、テレビやインターネットで海外の情報も簡単に得られます。でも、クラリネットやクラシック音楽が生まれた本場ヨーロッパの空気や雰囲気には、現地でしか感じることのできないフィーリングやインスピレーションがあります。その場に行って呼吸して、歩いて、見て、食べてみましょう。何十時間もトレーニングするより、良いリードを見つけるよりも、あなたの中の五感が豊かになり音楽が熟成できるのです。

●学生を終えたら

　専門学校や音大を卒業しても、それだけでプロのクラリネット奏者への道が待っているというわけではありません。毎年全国で卒業するクラリネット専攻学生の人数は数十人か、もしかしたら100人以上かもしれません。その人数分の就職先や仕事の量は、残念ながら十分あるとは言い難いのが現状です。だからこそ、報酬のともなった演奏の仕事や教える仕事などが目の前

きほんの「上」に

にきたときには"良かった""充実してやり遂げた"と自他ともに確認し合える仕上がりにしたいものです。

◆ **プロのオーケストラ奏者として**

　プロとして第一歩を踏み出したとき、誰もが戸惑うことがあります。今までの経験だけでは対処できない現実と、現場で求められたパフォーマンスができるかどうか。

　初めてオーケストラでエキストラ出演の仕事があったとき、それまで好き勝手に演奏していた私はとても面食らいました。音を出すタイミング、音程、音量、すべてが自分のキャパシティを超えたものでした。いくつかコンクールで受賞歴があった自分は、なぜうまくいかないのか、恥ずかしいやら悔しいやら、無力感に苛(さいな)まれました。でも今考えると……、これは当然突き当たる問題だったのです。

　何十人もが同時に音を出すオーケストラの中で、正しい音を出し、自分の表現もすることを、大学卒業までにできるようになっている人は1パーセントもいないのではないでしょうか。でも落ち込む必要はありません。現場で学んでいけばよいのです。

　リハーサルの前に自分のパートをよくさらってスコアに目を通し、全体の動きを把握した上でリハーサルに臨む。リハーサルでは目や耳をフル稼働(かどう)させて、集中して音を出す。本番は全身全霊をかけて演奏する。この繰り返し、積み重ねの先に、プロの奏者としての日常が待っています。

　専門学校や音大では、生徒の数とオーケストラ授業での席数のバランスが必ずしも良いとはいえず、すべての学生が十分にオーケストラやアンサンブルを体験できるわけではないようです。

　縁あって自分に巡ってきた仕事を責任をもって大切に真剣にこなす。そして時間とお金を使ってコンサートに足を運んでくださるお客様に感謝して音を出す。これが私たちの仕事です。

　「**クラリネット奏者は最も尊く幸せな職業の一つである**」。これは、多くのプロが確信していることです。

その6 私の音楽観をつくったもの

●サトーミチヨの音楽観をつくったもの

　価値観とは、日々の体験や思考の積み重ねでつくられ、さらに新たな体験や日常で更新されるものです。クラリネット奏者として生活している私の音楽的価値観は、ライフスタイルそのもの。大げさにいうと生きざまになっています。

　私は、3歳から電子オルガンやピアノの音楽教室に通っていました。練習はあまり好きではなく、母から叱られながらお稽古した記憶があります。元気な子どもで家の前の急な坂を三輪車でノンストップで駆け下りるのが大好き。いつもは面倒な音楽も、発表会やコンクールでドキドキする感じが三輪車で坂を下りるのと似てるなあと思っていました。

写真11　中学3年生の吹奏楽コンクール出演時の筆者。クラリネットを始めて3年目で、まだアンブシュアは安定していないよう。この頃にはプロの奏者になることを夢見ていた

　両親からは「普通の人になりなさい」といつも言われましたが、それは私にとって「普通ということはとても難しいので、努力しなくてはいけない」という意味でした。クラリネットを始めてからも「普通に吹けるようになりたい」と立ち向かっていた気がします。

　私はほかの人からはかなり変わり者と見られていますが、いつもフツーフツー……と頭の中でつぶやいています。

●フランスでの体験

　大学2年の夏、フランスのニースで行われた講習会に初めて参加しました。このとき先生に習ったことやレッスンの内容などはあまり記憶になく、空の色や海の色、太陽のまぶしさが印象に残っています。前世はフランスに住んでいたと確信して、舞い上がりました（もちろん思い込み）。講習会の後ヨーロッパの都市を回り、オペラを見たり美術館に行ったり教会を訪ねたりしました。西洋音楽が発祥し発展した本場を歩いて、体験して、食べたり飲んだりして、ああ私は島国の日本人だったんだなあと感じました。ヨーロッパから遠く離れた島国で、知らない国々の音楽をこうかな、ああかなと試行錯誤しながらやっている。体力も感性も違う私は本物のクラリネット吹きになれるのかしら？　その答えは意外にも自分の中にありました。

　クラリネットを吹くことが楽しい、良い音が出るとうれしい、だから演奏していくんだ、上手になればいいんだと気付いたのです。生来(せいらい)の楽天的な性格もあって、自分の欠点にはあまり悲観せずに歩めたと思います。

●同じ価値観の共同体、オーケストラ

　私が所属する東京都交響楽団は創立以来50年以上活動しています。東京だけでも9つのプロ・オーケストラがあり、それぞれに特徴や持ち味があります。数十人から100人を超す大家族のオーケストラは、同じ価値観による究極の共同体と言っていいでしょう。

　私のオーケストラが50年前どんな音を出していたのか、録音は残っていますが、生の音がどうだったか私は知りません。しかし、新しいメンバーが入団してそのオーケストラの色に染まり、次に入団したメンバーも同じように順応し……と、老舗の料亭がたれを毎日足してその味を守っていくように、オーケストラの音も世代を超えて継承していくものなのです。個性的なプレイヤーもいるし、独自のパフォーマンスが求められる場面も多いオーケストラですが、奏者たちの価値観の芯は同じなので、集合の合図があればみんなが集まれます。こんなことを頭の片隅におきながらオーケストラを聴いてみると、また違った味わいがあるのかもしれません。

一生音楽と付き合うために

　今クラリネットを吹いている皆さんは、いつまで楽器を続けることができるでしょう。中学卒業まで、高校卒業まで、大学卒業まで……？　社会人になっても楽器を続けていれば素晴らしい！　毎日練習できなくてもいいので、願わくばクラリネットを吹き続けてほしいものです。

●もしブランクがあったら

　私が個人レッスンをしている一般女性Y. K. さんの話をしましょう。彼女は山梨県でぶどう農家を営んでおり、ぶどうのシーズン最中の6月から9月の間は、ほとんどクラリネットが吹けません。秋から春先までの数か月は楽器を吹く時間ができ、市民オーケストラや吹奏楽団で活動しながら月1回のペースで東京の私の家まで往復6時間かけてレッスンに通ってきます。

　1年の3分の1は楽器に触れず、毎回アンブシュアも息も指も一からやり直す苦労を、「吹いていないと、落ちる」と語ってくれました。久しぶりにレッスンにきたときの彼女は、確かにリードの厚さや調整には気をつかっていますが、もともとの音色のセンスもあり、若い人には出せない魅力的な表情が年々増しているのです！

　彼女は、家族の理解や、オーケストラの仲間のカバーがあってこその自分の活動だと、周囲の人々への感謝の気持ちを抱きながら日々練習に励んでいます。

　これから先、クラリネットが大好きな皆さんがずっと楽器を吹き続けて、たくさん練習して、舞台に立てることを願ってやみません。しかし生活の変化やさまざまな事情で、しばらくは楽器から遠ざからなければならないときがくるかもしれない。そのときは「もうできないから、あきらめよう」とか「指

が中高生のときのように回らないから悲しい」とか、後ろ向きにならないでほしいのです。

　Y. K. さんのように一定期間吹けない人や、5年、10年ブランクができてしまったという人、このときこそがほんとうの意味でクラリネットを楽しむ人生が始まるときだと捉えてみてはいかがでしょうか。指がよく回り、高い音を失敗せずに出せて、何十人のアンサンブルの中でもひけをとらない大きい立派な音が出せる、これも一つの称賛に値する技術です。

　でも、もしこれらができなくなってしまったとしても、怖くはありません。クラリネットと離れていたときの経験や考え方が、音となって、個性となって表現できるようになります。人はそれを「味」と言うかもしれませんが、ブランク前には出せなかった新しい世界が広がります。私はY. K. さんの音楽が大好きだし、彼女を誇りに思っています。

●一生かけてできること

　何よりも皆さんに伝えたいのは、テクニックだけでも、ハートだけでもメッセージは伝わらないということです。

　中高生、大学生と磨きをかけたクラリネットを、「やりきった」と終わらせてほしくありません。勇気をもって、その先の第2ステージを楽しんでほしいと思います。

　若いときにできることと、年を重ねて出せるもの、両方の良さと必要性が35年以上クラリネットを吹いてきて、私にもようやく見えてきました。

　音楽は、クラリネットは、一生かけて付き合うに値する、かけがえのないものですね。私もみなさんも「クラリネットが好き」という気持ちを忘れずに、続けていきましょう。

　ちょっと難しいけれど愛すべきこの楽器は、今日よりも明日、必ず私たちにご褒美を与えてくれるのですから。

おわりに

　この本を読んで、「吹くことが楽しくなった」「今日も練習が待ち遠しい」と思うようになってくれていたら、とてもうれしいです。

　あきっぽくてモノグサな私が、なぜ何十年もクラリネットを続けているんだろう？　と考えてみると、「失敗のくやしさ」と「成功の喜び」の繰り返しが楽しかったからでしょうか。昨日の失敗から、今の自分の欠点と向き合い、練習し努力する。その結果、一歩一歩ステップアップして演奏の醍醐味を味わう。だからクラリネットはやめられません。

　皆さんも明日のなりたい自分や出したい音をイメージして、ぜひ夢をもってトレーニングしてください。いつか必ず理想は現実となります。同級生の中でいちばん劣等生だった私が体験しましたから、間違いありませんよ。

　そして、上手になりたい、調子が悪い、どうしてよいかわからない、どんなときでもよいです、思い立ったら本書を読み返してください。必ず突破口となる糸口が見つかると思います。そして練習して考えてまた練習して……　きっと発展があるはずです！　皆さんがクラリネットをもっと好きになって、もっと自由に吹けて、幸せだなーと感じる日が1日でも多くなるよう祈ってます。

　最後に本書を書くにあたって忍耐強く原稿を待ってくださった音楽之友社の堀内さん、お力を貸してくださった歯学博士草間先生、リペアの林原さん、協力してくれたY. K. さんに感謝します。ありがとうございました。

2018年10月
サトーミチヨ

特別寄稿

「本番力」をつける、もうひとつの練習
誰にでもできる「こころのトレーニング」

大場ゆかり

　演奏によって、私たちの心を動かし、魅了してくれるすばらしい音楽家たちは、表現力が豊かで卓越した演奏技術はもちろんのこと、音楽に対する深い愛情をもち、音楽を楽しむ気持ちを大切にしています。そして、音楽や自分なりの目標や夢の実現に向け、真摯に音楽と向かい合っています。また、逆境やアクシデントをチャレンジ精神やポジティブ・シンキングで乗り越える強さとしなやかさもあわせもち、演奏前や演奏中には高い集中力を発揮しています。

　さて、日々の練習の集大成として最高のパフォーマンスをするため、本番に理想的な心理状態で臨むためには、心の使い方や感情・気分のコントロールができるようになることが必要です。

●こころのトレーニングを始めよう!

　まずは、これまでやっていたこと、できそうなこと、やってみようかなと思えることに意識的に取り組んでみましょう。

①練習前後に深呼吸をしたり、目を閉じて心を落ち着かせる
　緊張・不安、やる気のコントロール
②練習中に集中できなくなったときに体を動かしたり、気分転換をする
　集中力の維持・向上
③ちょっとした空き時間や移動時間を利用して曲のイメージを膨らませる
　イメージトレーニング
④本番で拍手喝さいを受けている自分を想像する
　イメージトレーニング

⑤練習記録をつける

　目標設定とセルフモニタリング（記録と振り返り）

⑥寝る前にストレッチやリラックスする時間をとる

　ストレスの予防・対処

●「練習記録」と「振り返り」でステップアップ！

　上達のためには、本番や目標への取り組み過程や練習内容・成果、体調・気分、できごとを記録し、振り返ることが大切です。記録と振り返りを行うことにより、自分の状態や課題、自分自身の体調や気分の波、練習の成果が現れるプロセスやパターンに気付けるようになります。また、記録することで、取り組み内容や頑張ってきたこと、工夫したことなどを、自分の目で見て確認することができるため、やる気を高く保つことにもつながります。本番前など不安が大きくなったとき、自信がもてないときに、あなたの練習記録があなたを励まし、本番に向かう背中を押してくれることでしょう。

練習記録の例

わたしの練習日記

日付	できた？	練習内容	結果	体調・気分
4月8日(月)	△	基礎練	スケールをいつも間違える	寝不足
4月9日(火)	◎	課題曲のC	うまくできた	元気
4月10日(水)	○	パート練	Eのユニゾンがそろった！	元気
4月11日(木)	△	譜読み	臨時記号で間違える	だるい
4月12日(金)	○	課題曲の全体合奏	いい感じ！	◎！
4月13日(土)	×	イメトレ	模試でほとんどできなかった	微熱
4月14日(日)	○	ロングトーンとスケール	10分だけだったけど、集中していい音が出せた	元気。午後からは遊んだ

《4月2週目まとめ》　←振り返る（1週間でなく1か月単位でもよい）

●先週より音が良くなってきたかも。
●指はやっぱり難しいから来週はゆっくりから練習しよう。

● 「振り返り」のポイント

　これまで練習してきたことや取り組んできた課題、目標が十分に達成できたかについて考えましょう。

　本番の成績や順位、点数、合否、ミスタッチの有無など「結果」も気になりますが、「プロセス（これまでの頑張り）」に注目しましょう。

● 音楽と長く楽しく付き合っていくこと

　心理学者のアンジェラ・リー・ダックワース博士は、一流と呼ばれる人たちは、生まれもった才能や資質に恵まれている特別な人なのではなく、グリット（やり抜く力）と呼ばれる一つのことにじっくりと取り組み、失敗や挫折にめげずに粘り強く取り組む力や努力を続ける力が非常に高いことを明らかにしました。ダックワース博士は、「努力によって初めて才能はスキルになり、努力によってスキルが生かされ、さまざまなものを生み出すことができる」と言っています。たとえ、2倍の才能があっても2分の1の努力では決してかなわないというのです。

グリット（やり抜く力）

● **情熱**
・一つのことにじっくりと取り組む姿勢
・長期間、同じ目標に集中し続ける力

● **粘り強さ（根気）**
・挫折にもめげずに取り組む姿勢
・必死に努力したり挫折から立ち直る力

せっかく始めた音楽を「才能がない」「素質がない」と言ってあきらめてしまったり、頑張ることをやめてしまったら、それは、自分で自分の可能性の芽を摘み、自らできるようになる未来を放棄してしまっていることと同じことになってしまいます。もし、「どうせ」「無理」「できない」と弱気の虫が出てきてしまったら、あきらめてしまう前に、音楽を好きだ・楽しいと思う気持ちや、初めて楽器に触れたときのこと、初めて良い音が出せたと思えたときのこと、仲間や聴衆と心を通わせ音を合わせて紡いだメロディーや一体感を思い出してみてください。

　そして、できない・うまくいかない今のことばかりにとらわれ続けて、ただやみくもに練習を繰り返すのではなく、できるようになった未来を明確に思い描きながら、できない今とできるようになった未来の違いを考えてみましょう。

　そうすると、できるようになるためにどうすればよいのか、今、自分に必要な練習は何か、乗り越えるべき課題は何かをはっきりさせることができます。さらに、うまくできている人のまねをしてみたり、うまくいくコツを見つけたり体感したりしながら、さまざまな工夫や試行錯誤を繰り返すことが、課題を克服するための具体的で現実的かつ効果的な練習にもつながります。

　才能や能力は伸びるものだと信じ、「今はまだできなくても、練習すればできるようになる」と考えるようにすると、今はまだできない課題の克服のための努力や挑戦を続けていく力が生まれてきます。まずは、「必ず、できるようになる！」と強く信じ、日々、できたことやできるようになったことに注目しながら、あきらめず、粘り強く、できるようになっていくプロセスを楽しみつつ、音楽と長く楽しく付き合っていってください。

大場ゆかり　九州大学大学院人間環境学研究科博士後期課程修了。博士（人間環境学）。武蔵野音楽大学専任講師としてメンタル・トレーニング等の講義を担当。『もっと音楽が好きになる　こころのトレーニング』を音楽之友社より刊行。

著者プロフィール

サトーミチヨ

Photo © Studio Kumu Mitsuru Eino

東京都交響楽団首席クラリネット奏者。東京藝術大学非常勤講師。東京藝術大学卒業、同大学院修了。第9回、第12回日本管打楽器コンクール入賞。多摩フレッシュ音楽コンクール第1位。第4回日本木管コンクール第1位。第63回日本音楽コンクール第2位、E・ナカミチ賞。ソリストとして東京都交響楽団、新日本フィルハーモニー交響楽団、東京シティ・フィルハーモニック管弦楽団、関西フィルハーモニー管弦楽団などと共演。平成25年度文化庁新進芸術家海外研修派遣研修員としてパリに留学。

もっと音楽が好きになる 上達の基本 クラリネット

2018年11月30日　第1刷発行
2021年 9月30日　第2刷発行

著者	サトーミチヨ
発行者	堀内久美雄
発行所	株式会社　音楽之友社
	〒162-8716　東京都新宿区神楽坂6-30
	電話　03（3235）2111（代表）
	振替　00170-4-196250
	https://www.ongakunotomo.co.jp/
装丁・デザイン	下野ツヨシ（ツヨシ＊グラフィックス）
カバーイラスト	引地 渉
本文イラスト	かばたたけし（ツヨシ＊グラフィックス）
楽譜浄書	中村匡寿
写真	岡崎正人
印刷・製本	共同印刷株式会社

©2018 by Michiyo Sato　Printed in Japan
ISBN978-4-276-14582-5 C1073

本書の全部または一部のコピー、スキャン、デジタル化等の無断複製は著作権法上の例外を除き禁じられています。また、購入者以外の代行業者等、第三者による本書のスキャンやデジタル化は、たとえ個人や家庭内での利用であっても著作権法上認められておりません。
落丁本・乱丁本はお取替いたします。

クラリネット

サトーミチヨ オリジナル デイリートレーニング・シート

もっと音楽が好きになる 上達の基本

ロングトーン

① $mf \sim f$

- 音が震えない
- アクセントや <> は一切つけない
- 途中でやめない、休憩せずに上のドまで吹ききる

② アクセントをつけずに安定した pp で吹き始めること。

③ いつも均等な <> で

スケール

- ハ長調 C-major
- イ短調 a-minor
- ト長調 G-major
- ホ短調 e-minor
- ニ長調 D-major
- ロ短調 b-minor
- イ長調 A-major
- 嬰ヘ短調 f#-minor
- ホ長調 E-major
- 嬰ハ短調 c#-minor
- ロ長調 B-major
- 嬰ト短調 g#-minor

- 嬰ヘ長調 F#-major
- 嬰ニ短調 d#-minor
- ヘ長調 F-major
- ニ短調 d-minor
- 変ロ長調 B♭-major
- ト短調 g-minor
- 変ホ長調 E♭-major
- ハ短調 c-minor
- 変イ長調 A♭-major
- ヘ短調 f-minor
- 変ニ長調 D♭-major
- 変ロ短調 b♭-minor

アーティキュレーション・パターン
ⓐ
ⓑ
ⓒ
ⓓ

3度進行